대만은 중국의 경제를
어떻게 발전시켰나

대만은 중국의 경제를 어떻게 발전시켰나

지은주 지음

정치연구총서 08

● REC

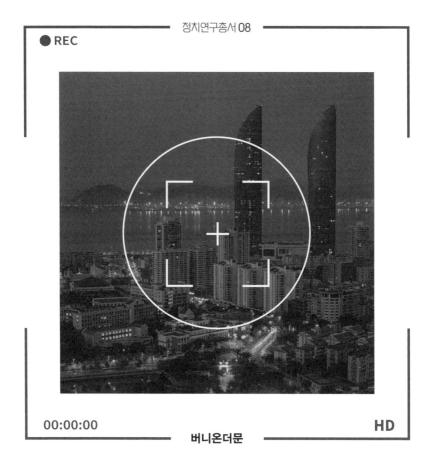

00:00:00

버니온더문

HD

◆ 들어가는 말 ◆

　이 책의 제목인 '대만은 중국의 경제를 어떻게 발전시켰나'는 대만이 중국 경제 발전에 중요한 기여를 했다는 것을 함의한다. 이에 대해 많은 독자들이 의문을 제기할 것이다. 중국과 대만의 경제 규모는 비교할 수 없을 정도로 차이가 나며, 중국은 이미 세계에서 두 번째로 큰 경제 대국이지만, 대만은 상위 10위 안에도 들어본 적이 없다. 그렇다면 대만이 중국 경제의 발전에 어떻게 기여했다는 것일까? 이 책은 바로 그 설명을 목적으로 한다.

　일반적으로 대만과 중국의 관계를 양안 관계(兩岸關係)라고 부른다. 이는 대만 해협을 사이에 두고 있는 양측, 즉 대만과 중국 간의 관계를 의미한다. 대만은 원래 청나라 시기 중국의 일부였다. 하지만 제국주의 식민 전쟁 과정에서 일본에 할양되어 50년간 일본의 식민 지배를 경험했고, 제2차 세계대전 종전 후 중국에 반환되었다. 그러나 국민당과 공산당 간의 갈등으로 인해 발생한 국공 내전에서 패한 국민당이 대만으로 이주하면서, 중국과는 분리된 독자적인 정치 체제를 갖게 되었다. 국민당의 이주는 중화민국(中華民國) 정권의 이주를 의미했으며, 대륙에서는 중국 공산당이 중화인민공화국(中華人民共和國)을 세움으로써 두 개의 국가가 설립되었다. 한 국가에 두 개의 정부가 세워지면서, 양안 관계는 남북한 관계와 비슷하게 공산주의 세력과 민주주의(혹은 자본주의) 세력 간의 체제 경쟁을 시작하게 되었다.

대만은 국민당의 강력한 리더십 아래 장제스(蔣介石)와 장징궈(蔣經國)의 통치 기간을 거쳤다. 이 시기에 대만은 1970년대 수출 지향적 산업화를 성공적으로 실행해서 높은 경제 성장을 달성했고, 이를 통해 근대화와 산업 및 경제 발전을 이루었다. 반면, 중국은 1950년대와 1960년대에 걸친 대약진 운동과 문화혁명을 통해 경제적 어려움을 겪었다. 이에 덩샤오핑(鄧小平)은 국가 경제 발전의 중요성을 인식하고 1970년대에 사회주의 사상을 전환하는 혁신적인 개혁과 개방 정책을 발표했다. 그는 "검은 고양이든 흰 고양이든 쥐를 잘 잡는 것이 중요하다"라는 흑묘백묘론을 제시하며, 경제 성장을 이끌 수 있는 어떠한 방안이라도 도입할 의사를 표명했다. 이러한 덩샤오핑의 아이디어는 당시 보수파에 의해 사회주의 이념에 대한 도전으로 여겨졌으나, 그의 리더십은 유지되었다.

중국은 이 정책을 통해 화교 및 해외 자본은 물론, 대만의 기업가와 자본가들에게도 문호를 개방할 의사를 밝혔다. 양안 간의 공식적 교류가 금지되어 있음에도 불구하고, 당시 양안 간에는 비공식적인 교류가 활발히 이루어지고 있었고, 암시장의 규모 또한 싱

당했다. 중국은 이를 정상화하려 했다. 그러나 중국의 개방 의사는 대만 정부로부터 환영받지 못했다. 장징궈 총통은 공산당과 접촉하지 않고, 담판하지 않으며, 타협하지 않는 '3불 정책'을 통해 이를 거부했다. 그러나 대만의 기업인과 상인들은 중국의 개방에 대해 매우 긍정적이었다.

1992년, 대만의 국민당 정부는 결국 중국과의 공식적인 교류를 허용했다. 이에 대만의 상인들은 중국으로의 진출을 서두르기 시작했다. 이들의 규모가 커지자 '타이상(台商)'이라는 용어가 일반화되었다. 타이상의 활동이 증가함에 따라 양안 교역량이 크게 증가했고, 이는 중국의 경제 성장과 산업 구조의 변화를 촉진했다. 타이상은 주로 중국의 제조업 분야에 진출했다. 초기에는 신발, 섬유, 플라스틱 제품과 같은 전통적인 노동 집약적 산업에 집중했지만, 2000년대 이후에는 전자 부품, 컴퓨터, 전기광학 제품 등 ICT 분야의 제조업으로 활동 영역을 확대했다. 활동 지역도 광둥성, 푸젠성, 상하이에서 장쑤성, 저장성, 베이징과 텐진으로 이동했다.

타이상의 활동에 대해 대만 정부가 항상 우호적인 것은 아니었다. 대만의 주요 정당인 국민당과 민진당은 양안 경제 교류에 대한 입장이 달랐다. 특히 민진당은 타이상의 중국에서의 활동 영역이 넓어지면 대만 산업의 공동화가 발생할 것을 우려했다. 또한 경제적인 교류가 잦아지게 되면 자연스럽게 인적 교류가 증가하게 되는데, 이 과정에서 중국과의 통일로 이어질 수 있다는 점을 우려했다. 민진당은 1970년대와 1980년대 민주화 운동 과정에서 성장한 정당이며, 대만인의 정당으로서 정체성이 확실했고, 대만의 독립을 주장해왔다. 따라서 중국과의 경제 교류의 정치적 효과에 대해 상당히 우려하고 있었다. 민진당이 집권하는 경우 대만 정부는 타이상의 투자와 활동에 제한을 가하기도 했다. 특히 2016년 민진당이 집권한 이후에는 정책적으로 양안 경제 교류에 많은 제한이 있었다.

양안 경제 교류의 시작점을 1992년이라고 한다면, 이미 30년이 넘는 시간이 흘렀다. 이 30년 동안 중국의 경제는 빠르게 성장했다. 저자는 중국의 경제 성장이 모두 타이상의 기여로 이루어졌다고 말하고자 하는 것은 아니다. 통계상으로 중국과 대만 간의 상호 교역의 비중은 중국과 다른 국가와의 교역 비중과 비교해볼 때 미미한 수준이다. 또한 중국이 2001년 WTO에 가입한 이후에는 타이상이나 화교 외에도 전 세계 각지로부터 투자를 받게 되었다. 더욱이 중국은 빠른 경제 성장을 통해 미국에 이어 이미 세계 제2의 경제 강국으로 성장했다. 이미 중국 경제와 대만 경제는 그 규모의 면에서 비교할 수도 없는 상황이다.

그러나 중국이 경제적 도약을 준비하던 초기에 대만 상인과 자본의 역할은 매우 중요했다. 양안 경제 교류가 시작되던 시기에 중국의 기업가들은 의욕이 있었지만, 자본과 기술이 부족했고 국제 시장에서 고립되어 있었다. 그런데 당시 대만은 자본, 선진 기술, 그리고 기업 경영의 노하우까지 모든 것을 갖추고 있었다. 이에 대해 리거(Shelley Rigger)는 중국 경제에 대한 대만의 기여를 비행기의 고도 비행을 위한 상승 비행의 역할에 비유한다. 비행기가 고도 비행을 하기 위해서는 최초 9마일까지 상승 비행이 가장 중요하다. 일단 고도에 진입한 비행기는 안정적인 비행을 지속할 수 있지만, 고도에 진입하기 위해서는 짧지만 가장 중요한 상승 비행을 먼저 안전하게 해야 한다. 이 과정에서 대만은 상승 비행 시 중국 비행기의 엔진 역할을 했다. 타이상은 투자를 주저하는 해외 자본을 중국으로 끌어들였고, 중국을 세계의 공장으로 만들기 위해 스스로 뛰어들어 이를 조직화했다. 단순히 숫자로만 설명하기 어려운 타이상의 활동은 중국이 어떻게 단시간 내에 세계 제2의 경제대국으로 도약할 수 있었는지 이해하는 데 중요한 근거가 된다.

그러나 시간이 경과함에 따라 중국에서 타이상의 위상은 변화했다. 초기에 타이상의 자본, 기술, 노하우가 필요했던 중국이 이 모든 것을 흡수한 후, 타이상의 유용성은 그 한계에 다다랐다. 다른 해외 자본이 중국에 투자하기 시작했고, 그 규모는 점차 커졌으며, 특별 경제 구역에서는 타이상 기업을 능가하는 중국 기업이 등장하기 시작했다. 중국 정부는 더 이상 타이상에게 우호적이지 않았으며, 타이상의 활동에 대한 혜택을 축소하기 시작했다. 타이상 기업을 내륙으로 유도하고 인민폐 사용을 유도하며 회사를 중국 내에만 등록하도록 했다. 그러나 이러한 변화 과정에서도 첨단 분야의 반도체 기업과 대기업에 대해서는 예외적인 조치가 있었다. 여전히 중국에게 필요한 타이상은 혜택을 받았다. 이는 결과적으로 대기업 타이상과 중소기업 타이상 간의 격차를 만들어냈다.

이 연구는 지난 30년간 진행되어온 양안 경제 교류를 중국의 정책 변화와 타이상의 대응을 중심으로, 대만이 어떻게 중국의 경제 발전을 도왔는지 설명하고 있다. 중국의 정책 변화는 타이상의 활동을 위한 구조를 형성해왔으며, 타이상의 대중국 투자와 경제 활동은 양안 경제 교류를 견인해왔다. 타이상의 활동에 중요한 영향을 미친 중국의 정책 변화로는 1992년 덩샤오핑의 '남순 강화' 이후 개혁 개방의 가속화, 2001년 중국의 WTO 가입, 2008년 중국의 자본주의 경제 개혁 방향으로의 노동법 개정과 산업 정책의 변화, 그리고 2015년 중국의 반도체 산업 발전을 위한 '중국 제조 2025'의 선포가 있다. 초기의 두 정책은 타이상에게 우호적인 사업과 투자 환경을 조성해서 타이상의 대중국 활동을 확장시켰다. 그러나 이후의 두 정책은 타이상을 양극화시켰고, 중소기업 타이상의 활동을 위축시켰다. 한편, 중국의 반도체 굴기 전략은 미국의 개입을 가져와 양안 경제 교류에 새로운 행위자를 추가시켰다.

이 책의 집필에 기반이 된 자료는 2023년 3월 한국정치학회보에 게재된 저자의 논문인 "양안 경제 교류의 정치경제학: 중국의 정책 변화와 타이상의 대응"이다. 이 책은 이 논문의 내용을 바탕으로 해서 발전시켰지만, 많은 부분을 새로 집필했으며 새로운 내용과 이해를 돕기 위한 설명을 추가했다. 이와 함께 리페이산(Lee, Pei-Shan)과 주윈한(Chu, Yun-han)이 쓴 논문인 "Cross-Strait Economic Integration (1992-2015)" (Routledge Handbook of Contemporary Taiwan(2016) 수록)과 리기기 2021년에 출간한 *The*

*Tiger Leading the Dragon: How Taiwan Propelled China's Economic Rise*의 많은 부분을 참조하고 인용했다. 이 연구들은 저자 논문의 기초가 되었으며, 타이상의 활동에 대해 이미 충분하고도 통찰력 있는 설명을 제공하고 있다. 그 밖에도 많은 자료들을 참조했으나, 대중서를 지향하는 이 책의 취지에 부응하기 위해 본문에는 인용처를 표기하지 않았다. 여러 번 확인한 연구의 결과물이지만, 이 주제에 대한 연구 기간이 길지 않아 많은 부분에 오류가 있을 수 있음을 우려한다. 이 부분에 대해서는 독자들의 많은 지적을 부탁드린다.

이 책은 2017년 한국연구재단의 사회과학 지원사업(NRF-2017S1A2066657)의 지원을 받았다. 이 책이 출간되는 과정에서 많은 도움을 주신 고려대학교 정치연구소와 권혁용 소장님, 그리고 SSK연구와 활동 과정에서 함께했던 모든 선생님들께 깊은 감사의 마음을 전한다.

2024년 2월
지은주

정치연구총서 08

CONTENTS

2장
타이상은 중국을 어떻게 발전시켰나

3장
중국 경제의 성장과 타이상, 그리고 관련 문제들

정치연구총서 08

1장
중국의 경제 성장과 대만

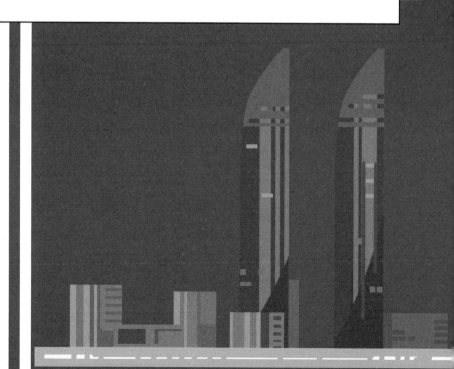

상이한 체제 간의
경제 교류

　　건국 이후 경제적 어려움을 겪고 있던 중국은 대만에 공식적으로 경제 교류를 제안했다. 상호 정치적 갈등이 팽배한 상황에서 대만은 오랜 기간 이에 응하지 않았다. 그러나 1987년 11월 2일, 대만 주민의 중국 방문이 허용되었고, 대만의 장징귀 총통은 제한된 범위에서 중국과의 경제 교류를 허용했다. 1992년에는 결국 대만이 중국과 공식적인 경제 교류를 시작했다. 양안의 교류는 단순히 경제적인 교류에만 머물지 않았다. 이후 점차 문화, 사회의 모든 방면으로 교류가 확산되었고, 2015년에는 양안 최초의 정상회담이 싱가포르에서 개최되었다. 즉, 경제적인 교류가 인적, 문화적 교류를 거쳐 정치적 대화로 이어진 것이다.

　　중국과 대만 간의 경제 교류는 정치적, 군사적으로 갈등 관계에 있으면서도 활발히 이루어지고 있는 매우 이례적인 사례다. 이는 분단이라는 같은 조건에 있는 남북한의 교류와 대조적인 특징을 보인다. 남북한 교류는 경제적인 교류 없이 정치적 대화가 이루어지면서 양안과는 상반된 특징을 보인다. 한반도에서는 2000년 김대중 대통령과 김정일 국방위원장 간의 정상회담이 성사되면서 정치적 대화가 시작되었다. 이후 남북 간에는 상호 교류, 개성 공단의 수립과 같은 경제적 교류가 진전되는 듯했다. 그러나 상호 불신이 팽배한 가운데 개성 공단은 폐쇄되었고, 민간 차원의 인적 교류는 여전히 금지되어 있다.

양안 경제 교류가 활발히 진행되면서 이와 관련된 연구도 상당히 이루어져 왔다. 많은 정치학자들이 양안 교류에 대한 연구를 종합해서 체계적으로 분류했는데, 그중 우위산(Wu, Yu-Shan)은 양안 교류를 분단국 모델, 통합 이론(integration theory), 비대칭 권력 모델, 투표 극대화 모델, 발전국가 패러다임, 전략적 삼각관계, 체제 이론, 정치 심리학, 인지 접근으로 구분했다. 한편, 디트머(Lowell Dittmer)는 민족주의 연구, 정치 경제학, 국제 관계 이론으로 양안 교류를 분류했다. 어떠한 시각에서 양안 교류를 보느냐에 따라 상이한 분류가 이루어지는데, 이 중에서 정치학에서 가장 광범위하게 적용되고 있는 이론은 하스(Ernst B. Haas)와 미트라니(David Mitrany)가 발전시킨 통합 이론을 적용한 연구다.

통합 이론은 국제 정치학 접근법의 하나이며, 기능주의적 접근법으로 알려져 있다. 통합 이론은 제2차 세계대전 이후 학자들이

유럽이 경제적, 정치적으로 통합되어가는 과정을 연구하는 과정에서 발전되었고, 국가 간의 권력 관계나 갈등, 충돌, 전쟁보다는 상호 협력, 경제적 교류, 통합에 주된 관심을 둔다. 제2차 세계대전 이후 유럽의 국가들은 경제적 교류, 인적 교류를 활성화했으며, 이어서 공동의 집행부와 의회를 창설하고, 나아가 유로를 발행해서 화폐 통합까지 이룬 성공적인 국가 간 협력의 사례를 보여준다. 통합 이론은 국가들 간의 경제적 협력이 점차 발전해서 정치적 통합으로 전환되는 터닝 포인트에 주목하며, 이를 '스필오버(spill-over) 효과'로 표현했다.

통합 이론은 통합의 과정에서의 행위자를 크게 세 단계로 나눈다. 개인과 기업이라고 하는 가장 하위 단계, 국가라는 중간 단계, 그리고 초국가적 공동체라고 하는 마지막 단계다. 유럽의 경우, 통합의 단계에서 초기에는 개인과 기업의 역할이 중요했지만, 곧 국가가 개입하고 주도권을 잡게 되었다. 개별 국가인 프랑스와 영국은 적극적으로 다른 참여국들로부터 협상을 이끌어냈고, 이어서 경제적 통합을 위한 제도를 구축하는 데 기여했다. 이 과정이 진행되면서 초국가 공동체인 유럽연합이 형성되었고, 이후 유럽연합은 자체 통화와 의회를 가진 독자적인 정치적 협의체의 역할을 하게 되었다.

유럽연합을 통합의 모델 사례로 볼 때, 양안의 경제 교류는 초기의 개인과 기업의 역할이 중요한 단계를 넘어 국가의 역할이 중요해졌다고 볼 수 있다. 즉, 초국가적 공동체는 나타나지 않았다.

이 과정에서 양안 경제 교류는 다음과 같은 차이점을 보인다. 첫째, 유럽연합과 비교해볼 때 양안 교류에서는 개인과 기업의 역할이 국가의 역할만큼이나 중요하다. 그중에서도 중국에서 활동하는 대만의 기업인과 상인들의 역할이 핵심이었는데, 이들을 통칭해서 '타이상'이라고 한다. 타이상은 양안 교류가 공식화되기 전부터 중국과의 밀무역에 종사했으며, 대만 정부로 하여금 양안과의 경제 교류를 활성화하도록 종용했다. 또한 양안 경제 교류가 공식화되자 적극적으로 중국으로 진출해서 사업을 하고 투자를 했으며, 중국의 지방 정부와 돈독한 관계를 형성하면서 사업에 유리한 환경을 만들어냈다.

둘째, 양안에서 국가의 역할은 정치적인 고려로 인해 더욱 중요하게 나타난다. 중국 정부와 대만 정부는 경제적 교류가 자국 경제 발전에 도움이 될 것이라는 점을 중요하게 생각했지만, 다른 한편으로는 정치적 통합의 가능성이 가져올 수 있는 기회 혹은 위험성도 고려해야 했다. 양안 교류가 처음 시작되던 시기에 중국과 대만 정부는 경제 교류가 통일로 이어질 수 있는 점도 고려했다. 시장과 인구 면에서 우위를 지닌 중국은 대만의 중국에 대한 경제 의존도를 높이게 되면, 자연스럽게 대만을 중국으로 흡수 통합할 수 있을 것이라는 기대를 가졌다. 대만의 경우는 정권에 따라 두 시각으로 나뉜다. 초기 국민당 장징궈 총통은 이 가능성에 대해 시장과 인구 면에서는 불리하지만, 교류 초기의 대만의 경제 발전 수준은 중국보다 높다고 보았다. 따라서 중국이 교류를 통해 점차 자본주의 시장 경제를 도입하게 된다면, 이후 중국의 민주화와 자유화가 내부로부터 진행될 수 있을 것으로 기대했다. 그렇다면 민주화와 자유화가 이루어진 중국과는 통일을 논의할 수 있을 것이라고 생각했다. 한편, 민진당을 중심으로 하는 독립 세력은 통일의 가능성에 대해 심각한 우려를 하고 있다. 이로 인해 양안 교류에 제한을 가하고자 한다.

셋째, 앞서 국가 단위의 정치적 고려 사항에서 알 수 있듯이, 분단국이라는 특징에서 볼 때 양안에서의 정치적 협력은 유럽의 정치적 협력과는 다른 의미를 지니고 있다. 유럽에서 초국가적 공동체는 각 국가가 독자적인 주권과 정체성을 유지하는 상황에서도 존재한다. 즉, 지역 단위의 협력 과정에서 개별 국가의 주권과 정체성은 존중되고 보장된다. 그러나 양안에서 초국가적 공동체라고 한다면, 이는 곧 '통일'을 의미한다. 이는 중국의 '하나의 중국'* 정책 때문이며, 대만의 경우도 과거 장징궈 정권기까지 지상 목표가 통일이었다는 점을 주목해야 한다.

이와 같은 양안의 특징은 상호 경제 교류 과정에서 유럽연합과 상이한 결과를 가져왔다. 유럽연합의 경우 초기 발전 과정에서 개인과 기업의 역할이 중요했지만, 곧이어 국가가 교류와 협력을 주도하고, 이후 초국가적 공동체가 일정 정도의 역할을 담당하게 되었다. 양안의 경우에는 유럽연합과 마찬가지로 국가가 주도하기 전에 개인과 기업이 교류를 주도했고, 이후 양국 정부가 이를 정책화하면서 국가의 역할이 중요해졌으나, 초국가적인 공동체로 발전하지 못했다. 또한 이 과정에서 중국 정부는 적극적인 반면, 대만 정부는 조심스러웠다.

따라서 사업을 통해 이익을 추구하고자 하는 개인과 기업, 특히 타이상들이 가장 적극적으로 활동하게 되었다. 경제 활동이 약 30년간 교류가 활발해졌음에도 불구하고, 이러한 특징은 지속되고 있으며, 따라서 양안 교류의 발전 과정은 타이상과 양국 정부 간의 상호 작용을 통해 진행되었다.

---

*하나의 중국(一個中國)

'하나의 중국' 원칙은 중국이 주장하는 양안의 현 상황이며 미래의 상황이기도 하다. 중국 헌법에는 대만을 중국의 영토의 일부분이라고 규정하고 있고, 이 원칙을 양안 관계는 물론이고 국제사회의 외교적 원칙으로 일관되게 적용하고 있다.

전 세계에 중국은 하나밖에 없다는 의미의 '하나의 중국'을 지속적으로 강조하는 것은 대만은 본래 중국에 속해 있다고 주장하며, 대만과의 관계를 통일이라는 단일 목적에 두는 것이다. 국민당 통치 시기의 대만 역시 통일을 지향했기 때문에 누가 주도하는 통일을 할 것인가의 문제로 갈등이 있었을 뿐, '하나의 중국'에 대한 갈등은 없었다. 그러나 민주화 이후 대만에서는 독립 세력이 성장하고 독립을 주장하기 시작했는데, 중국은 이를 '하나의 중국' 원칙에 대한 도전으로 받아들이고 있다.

국제사회에서 '하나의 중국' 원칙의 적용은 수교국의 문제에서 나타난다. 중국은 중국과 수교를 원하는 국가의 경우 '하나의 중국' 원칙에 의해 대만과 단교하도록 요구하고 있다. 국제사회에서 중국의 국력과

경제력이 신장하면서 중국과 경제 교류를 원하는 국가 수가 증가하고 있는데, 이에 대해 중국은 '하나의 중국' 원칙을 적용하고 있다. 또한 대만을 군사적·경제적으로 지원하고 있는 미국에 대해 중국은 '하나의 중국' 원칙을 확인해줄 것을 요청하고 있다.

대만은 중국의 경제를 어떻게 발전시켰나

양안 교류 이후 중국의 경제 성장

1992년 양안 경제 교류가 공식화된 이후, 상호 수출과 수입액은 매년 증가해왔다. 대만 세관 통계와 중국 세관 통계에는 가시적인 차이가 있는데, 이는 통계에 잡히지 않는 암시장을 통한 교류, 홍콩을 경유한 교류, 페이퍼 컴퍼니를 통한 교류 때문이다. 대만 정부의 규제가 심했기 때문에 타이상은 다양한 비정상적인 방법을 통해 중국과 교류를 해왔다. 그러나 규제가 완화되었음에도 불구하고 이러한 관행이 지속되었는데, 이는 세금을 회피하거나 혹은 이 과정에서 비정상적인 사적 이익도 추구할 수 있었기 때문이었다. 간접 투자와 관련해서 초기에는 홍콩이 타이상의 간접 투자를 위한 좋은 선택이었지만, 점차 브리티시 버진 아일랜드(the British Virgin Islands), 게이만 아일랜드(Cayman Islands), 파나

마(Panama) 등으로 그 선택지가 확장되었다. 조사에 의하면 2000년대 중반, 브리티시 버진 아일랜드, 케이만 아일랜드 그리고 파나마에서 중국으로 투자된 자본의 70-80%가 대만에서 온 것이었다. 또한 2010년 중국으로 들어온 해외 투자의 출처는 1위가 홍콩이고, 이어서 2위가 브리티시 버진 아일랜드였다. 이러한 비정상적인 교류의 규모는 사실상 측정하기 어렵고, 특히 홍콩을 통한 투자는 더욱 그 규모를 측정하기 어렵다. 또한, 정치적인 민감성으로 인해 양측 정부는 의도적으로 통계에서 일부 거래를 누락시키기도 했다. 한편, 양안 교류 과정에서 성장한 대만 기업이 다국적 기업으로 진화하면서 통계에서 빠지기도 했다. 폭스콘, 왕왕 그룹 등이 대표적인데, 이들은 타이상이 설립한 기업이면서도 기업의 소재지가 중국, 홍콩, 싱가포르, 그리고 미국에 있는 등 순수하게 대만 기업이라고 정의하기 어렵다. 이들이 벌어들이는 수익을 대만 정부가 정확하게 집계할 수 없었으며, 따라서 이들을 통한 양안 교류의 내역은 상당 부분 누락될 수밖에 없었다.

비록 이러한 중요한 결함이 있기는 하지만, 공식적인 통계 외에 신뢰할 수 있는 자료가 없으므로, 중국과 대만의 세관 통계를 통해 상호 교류의 대략적인 규모와 트렌드를 추정해볼 수 있다. 총액의 측면에서 대만 세관 통계에 의하면, 1992년 약 748백만 달러였던 액수가 2022년에는 205,118백만 달러로, 양안 무역량은 약 274배 성장했다. 한편, 중국 세관 통계에 의하면 1992년 6,559백만 달러가 2022년 319,678백만 달러로, 양안의 무역량은 약 48

배 성장했다. 수입과 수출의 교역량을 살펴보면, 대만 세관 통계의 경우 1992년부터 2001년까지는 중국으로부터의 수입이 중국으로의 수출을 앞섰지만, 2002년부터 2022년까지는 수출이 수입을 초과했다. 중국 세관 통계의 경우는 1992년부터 2008년까지 대만으로부터 수입이 수출을 앞섰지만, 2009년 이후 수입이 급격하게 감소하면서 그 이후의 기간에는 수출이 수입을 초과했다.

홍콩을 경유한 누락의 사례가 상당히 큰 부분을 차지하지만, 수출입의 변화가 컸던 시점에서는 정치적인 고려 사항이 중요했던 것으로 볼 수 있다. 대만 세관 통계에 의하면, 2002년부터 대중국 수출이 증가하고 있다. 2000년에 집권한 민진당 천수이볜(陳水扁) 총통은 경제 성장과 민주화에 대한 자신감을 가지고 양안 경제 교류에 대해 개방 정책을 확대했다. 이러한 개방적인 양안 정책이 교류의 증가를 가져왔을 것으로 보이며, 통계상의 변화도 이를 반영하고 있다. 한편, 중국 세관 통계는 2009년 이후 대대만 수출이 급격하게 상승했는데, 이는 국민당 마잉주(馬英九) 정권의 개방 정책이 중요한 역할을 한 것으로 보인다. 마잉주 정권은 2008년 총통 선거에서 중국과의 경제 교류 확대를 주요 공약으로 제시해서 선거에서 승리했다.

기간 Period	대만세관통계 Taiwan Customs Statistics			중국세관통계 Mainland China Customs Statistics		
	수출 Exports	수입 Imports	총액 Total	수출 Exports	수입 Imports	총액 Total
1992	1.1	747.1	748.1	693.5	5,866.0	6,559.5
1993	16.2	1,015.5	1,031.7	1,461.8	12,931.2	14,393.0
1994	131.6	1,858.7	1,990.3	2,242.2	14,085.6	16,327.8
1995	376.6	3,091.3	3,467.9	3,098.1	14,783.9	17,882.0
1996	623.4	3,059.8	3,683.2	2,801.8	16,180.1	18,981.9
1997	626.5	3,915.2	4,541.7	3,396.7	16,441.2	19,837.8
1998	834.7	4,110.4	4,945.1	3,868.9	16,631.1	20,500.0
1999	2,536.8	4,526.2	7,063.0	3,949.9	19,526.8	23,476.7
2000	4,217.4	6,223.1	10,440.5	5,039.0	25,493.6	30,532.6
2001	4,895.3	5,902.8	10,798.1	4,999.6	27,338.8	32,338.4
2002	10,526.7	7,968.3	18,495.0	6,590.0	38,080.0	44,670.0
2003	23,209.8	11,095.7	34,305.5	9,000.0	49,360.0	58,360.0
2004	36,722.8	16,891.5	53,614.3	13,550.0	64,780.0	78,330.0
2005	44,056.3	20,161.6	64,217.9	16,550.0	74,680.0	91,230.0
2006	52,377.1	24,909.0	77,286.1	20,740.0	87,110.0	107,850.0
2007	62,928.4	28,221.2	91,149.6	23,460.0	101,020.0	124,480.0
2008	67,480.9	31,569.6	99,050.5	25,880.0	103,340.0	129,220.0
2009	54,767.0	24,554.4	79,321.4	85,722.9	20,505.3	106,228.2
2010	77,886.9	36,255.2	114,142.1	115,693.9	29,676.6	145,370.5
2011	85,122.3	44,094.8	129,217.1	124,919.9	35,111.9	160,031.8
2012	82,592.3	41,431.4	124,023.7	132,183.9	36,779.1	168,963.0
2013	84,122.2	43,345.5	127,467.7	156,636.9	40,643.6	197,280.5
2014	84,709.1	49,253.6	133,962.7	152,029.5	46,284.8	198,314.3
2015	73,270.1	45,264.7	118,534.8	143,306.7	44,898.8	188,205.5
2016	73,732.2	43,990.8	117,723.0	139,217.2	40,373.7	179,590.9
2017	88,745.4	50,037.1	138,782.5	155,385.6	43,989.8	199,375.4
2018	96,497.9	53,789.8	150,287.7	177,597.6	48,646.7	226,244.3
2019	91,789.4	57,394.4	149,183.8	173,002.0	55,081.3	228,083.3
2020	102,446.2	63,587.8	166,034.0	200,644.4	60,141.7	260,786.1
2021	125,902.6	82,484.8	208,387.4	249,979.4	78,364.8	328,344.2
2022	121,134.7	83,983.9	205,118.6	238,091.7	81,586.8	319,678.5

대만은 중국의 경제를 어떻게 발전시켰나

중국 국가 경제의 성장을 나타내는 명목 GDP의 변화를 살펴보면, 그 발전의 속도가 매우 빠르다는 것을 알 수 있다. 아래 그림 '중국 명목 GDP'에 따르면, 교류 초기의 중국의 명목 GDP는 425,916백만 달러였고, 당시 대만의 명목 GDP인 222,947백만 달러의 약 2배였다. 이는 2022년 17,963,171백만 달러로 성장해서, 1992년의 기록에 비해 약 42배 성장했다. 그리고 이는 동일 연도인 2022년 대만의 명목 GDP인 761,400백만 달러와 비교할 때 약 23배 더 큰 규모다. 중국은 경제 규모로 이미 미국에 이어서 2위이며, 2030년에는 중국의 명목 GDP가 미국을 추월할 것이라고 예상되고 있다.

중국 명목 GDP

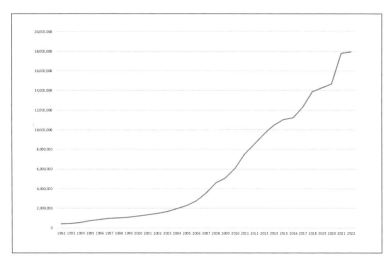

2018년 중국은 세계 제조업 수출의 약 28%를 차지하고 있다. 중국은 섬유에서 기술에 이르기까지 대부분의 다국적 기업의 주요 공급자다. 대부분의 생산 제조된 상품들이 중국 브랜드가 아닌 해외 브랜드 명으로 팔리고 있지만, 주요 부품들이 중국에서 제조된 경우가 많다. 그러나 중국은 점차 자체 브랜드를 개발하기 시작했다. 대표적으로 우리가 잘 알고 있는 화웨이나 레노버 등이 있다.

타이상은
누구인가

　　'타이상', 즉 대만 상인은 대만 밖에서 활동하는 대만의 기업가 혹은 상인을 의미한다. 최근에는 타이상이라는 용어가 주로 중국에서 활동하는 대만 상인을 지칭하지만, 원래 타이상은 중국뿐만 아니라 2000년 이후 중국과 동남아시아 등 해외에서 활동하는 대만 기업가와 상인을 통칭하는 용어였다. 중국에서는 타이상을 "경영상의 이익 획득을 주 목적으로 3개월 이상 중국에 머무는 대만인"이라고 정의했고, 투자자는 아니지만 영리를 목적으로 중국에 장기간 체류하는 타이상들을 관리하는 타이간(台幹)도 타이상의 범주에 포함하기도 한다.

　　타이상은 중국에서 투자와 사업을 하는 데 있어서 매우 적극적이었다. 이들은 중국 정부의 지원을 최대한 활용하고자 했으며, 데만 정부의 규제 완화를 기대하며 지속적으로 정부를 설득했다. 또한 타이상은 지방 차원의 경제 성장을 원하는 중국의 지방 정부와 협력하며 그 활동 영역을 넓혀 왔다. 타이상의 투자와 활동으로 인해 중국은 경제 성장의 기반을 다질 수 있었고, 전 세계 공급망에 합류할 수 있었으며, 특히 ICT 산업을 획기적으로 발전시킬 수 있었다. 타이상은 중국이 해외 자본을 유치하는 과정에서 중요한 기여를 했고, 현지에서 활동하는 타이상 기업은 중국에서 사업을 하는 것에 불안을 느끼고 있는 다른 해외 투자 기업들을 견인하는 역할을 했다. 이러한 타이상의 활동은 대만 경제 발전에도 기여했고, 양안 상호 경제 교류의 주축이 되었다.

타이상의 특징은 뛰어난 적응력이라고 할 수 있다. 타이상은 중국과의 30년 교류 기간 중 산업 환경이 변화할 때마다 이에 적응해서 최적의 사업가와 투자자로 변모했다. 푸타이(福太)의 창업자인 천티엔푸(陳添福), 폭스콘의 창업자인 귀타이밍(郭台銘), TSMC의 창업자인 장중머우(張忠謀)의 활동을 통해 그들의 사업 방식을 이해해볼 수 있다.

(1) 푸타이의 천티엔푸

천티엔푸는 일제 강점기인 1926년 대만의 한 농가에서 태어났다. 천티엔푸는 제2차 세계대전 직후 과일 수출 회사의 매니저로

종사했다. 당시 이 사업은 매우 단순했다. 대만의 농가에서 바나나와 파인애플을 일본 소비자를 위해 재배하는 것이다. 가장 어려운 작업은 파인애플 통조림을 만드는 것이었고, 바나나를 상하지 않게 배송하는 것이었다. 당시 바나나 재배는 큰 호황기를 맞았고, 정부는 농산품 무역을 적극적으로 지원했다. 당시 농업은 대만이 비교우위를 가진 산업이었다. 그러나 1951년 천티엔푸는 이미 바나나 산업이 과열경쟁에 돌입했다고 판단했고, 마진이 매우 적어질 것이라고 예상했다.

1953년에 그는 타이베이에 우산 가게를 오픈했다. 처음에 그는 일본에 바나나를 수출하고 그 대신 우산대를 사왔다. 당시 일본은 우산 수출에서 선두를 달리고 있었다. 그는 농업에서 제조업으로 전환하고 있었는데, 당시 이는 매우 위험한 전환으로 여겨졌다. 대만 정부는 천티엔푸가 수입하는 우산대와 같은 품목에 대해서 높은 관세를 부과하고 있었다. 그러나 그는 농업 수출의 성공이 결국 소비재에 대한 수요 증가를 가져올 것이라고 판단했다. 따라서 시장이 성숙하기 전에 먼저 시장에 진입해야 한다고 생각했다. 그가 만든 나일론과 철제 프레임의 우산은 당시 수백 년간 대만인들이 사용해온 종이우산을 대체하는 것이었다. 비가 유독 많이 오는 대만에서 보다 질이 좋고 내구성이 뛰어난 우산에 대한 수요는 커질 수밖에 없었다. 천티엔푸의 우산 제조업으로의 전환은 성공적이었다. 그는 우산 판매로 많은 자본을 축적할 수 있었다.

천티엔푸는 축적한 자본을 새로운 사업에 투자했다. 그는 디 이상 재료를 수입하지 않고, 비정제된 철강을 수입해서 스스로 부품을 만들었다. 이는 회사의 기술력을 높여주었고, 세금을 절감할 수 있게 해주었다. 점차 푸타이의 우산 제조는 단순한 조립에서 발전해 철강 제조, 아연 도금, 플라스틱 몰딩, 나일론 섬유 프린팅과 디자인 같은 복잡한 공정 과정을 포함하게 되었다.

그러나 우산 제조가 수익성이 있다는 것을 알자 많은 사람들이 우산 제조업에 뛰어들었다. 마침 정부가 제조업을 지원하기 시작하자 더욱 많은 사람들이 시장에 진입했다. 대만의 우산 산업은 전세계를 지배했다. 대만에는 8개의 다른 회사가 운영하는 300개가 넘는 우산 공장이 가동되고 있었고, 이들은 미국과 서유럽이 수입하는 우산의 2/3를 생산했다. 그러나 그 가운데에서도 푸타이가 선두를 달렸다.

1970년대 중반, 천티엔푸는 푸타이의 전체 생산의 1/4을 오하이오의 러브랜드(Loveland)에 본사를 둔 미국 기업인 Totes Inc.로 옮겼다. 당시 미국에 브랜드를 세우고 마케팅을 하는 것은 매우 도전적인 일이었다. 그러나 이로 인해 푸타이는 브랜드나 마케팅의 압박에서 벗어나 제품의 품질 개선에만 집중할 수 있었다. 푸타이는 연구 개발에 몰두해서 세계 최초로 자동 우산을 발명하는 등 당시로서 가능한 최고의 우산을 생산했다. 그러나 이러한 방식의 자발적인 하청 생산자의 위치는 수익 분배에서 불리한 위치에 있었다. 더욱이 언제든지 대체될 수 있다는 불안이 있었다. 푸타이는 결국 자신의 브랜드로 생산하기로 결정하고, 1991년 미국에 최초의 자신의 브랜드인 레인키스트(Rainkist), 레이튼(Leighton), 티나 티(Tina T)라는 브랜드 명으로 우산을 생산, 판매했다.

1970년대에는 대만의 경제가 성장하면서 임금이 상승하기 시작했다. 그러자 푸타이는 산업을 다각화하기 시작했다. 일부는 일본 기업과 조인트 벤처를 추진했다. 이러한 과정에서 푸타이는 모터 스쿠터의 체인, 알루미늄 콘덴서 커버 등을 생산하기에 이르렀다. 1980년대 초에 이르러 우산 공급에서 대만의 우위는 이미 사라지고 있었다. 제조업 분야에서 임금이 급격하게 상승하자 푸타이는 1982년에 저렴한 임금을 제공하는 코스타리카와 인도에 공장을 오픈했다. 결국 1990년에는 중국에 공장을 건설하게 되었다. 현지 푸타이와 그 자회사는 중국의 샤먼과 수저우에서 우산, 금속 제품, 나무와 플라스틱 부품을 생산하고 있다.

천티엔푸의 사례는 양안 교류 초기의 타이상 활동을 전형적으로 보여준다. 농업에서 시작해서 국내 소비를 위한 제조업으로 발전했던 푸타이는 이후 수출 제조업으로 발전했고, 산업 다각화를 통해 해외 직접 투자를 감행했다.

(2) 폭스콘(중국명 홍하이)의 궈타이밍

궈타이밍은 1950년 대만 타이베이현 반차오구에서 태어났다. 그의 부모는 중국 산시성 출신이었고, 1949년에 대만으로 이주했다. 그의 부친은 국민당 정부하의 경찰이었다. 궈타이밍은 24살까지 고무 공장에서 직원으로 일하다가, 1974년 친구와 함께 자본을 출자해서 홍하이 플라스틱(鴻海塑膠)을 설립해서 플라스틱 완제품을 생산했다. 그러나 이후 경기가 나빠지면서 자본금 30만 대만 달러를 모두 잃고 주주들이 잇달아 퇴출되었다. 어려움에 처한 궈타이밍은 장인에게 70만 대만 달러를 빌려 회사 전체를 사들인 후 이름을 홍하이 공업(鴻海工業)으로 개명했다. 홍하이 공업은 자본금 50만 대만 달러를 추가해서 흑백 텔레비전 다이얼을 생산했다.

1980년은 홍하이에 전환점이 된 시기였다. 궈타이밍은 일본 아타리(Atari)로부터 조이스틱 콘솔의 주문을 받아 생산하기 시작했다. 또한 1981년에는 개인용 컴퓨터 커넥터 제품을 개발해 생산하게 되었다. 1982년에 궈타이밍은 홍하이 정밀(鴻海精密)로 이름을 변경했고, 당시 자본액은 1,600만 대만 달러로 증가되었다. 1980년대 중반 궈타이밍은 홍하이, 즉 폭스콘을 세계 시장으로 확대하기로 결정했다. 그는 먼저 미국으로 진출했다. 11개월에 걸친 미국 대륙 횡단을 통해 고객이 될 기업을 찾았다. 첫 고객은 뉴저지에 있는 AT&T 자회사인 루슨트였다.

1985년 폭스콘은 미국에 지사를 설립하는 데 성공했다. 이어서 1988년 홍하이는 중국 선전에 첫 번째 공장을 건설했다. 이 공장은 현재까지도 세계에서 가장 큰 공장으로 알려져 있다. 중국에 건설한 폭스콘 공장은 매우 특이했는데, 공장 부지에 주택, 식당, 병원이 있었고 심지어 노동자들의 무덤도 있었으며, 식당에 식재료를 공급하기 위한 양조장도 있었다. 이후 폭스콘은 홍콩, 유럽, 일본, 인도, 남미에도 거점을 설치했다.

1996년 폭스콘은 컴팩(Compaq) 데스크탑의 새시를 만드는 일을 시작했다. 이는 이후 HP, IBM, Apple 등의 새시 작업을 하는 시작이 되었다. 1991년 6월에 궈타이밍은 폭스콘을 대만 주식시장에 상장했다. 2001년 폭스콘은 매출액 1,748억 대만 달러로 대만 TSMC를 제치고 대만 제1의 민영기업이 되었다. 2005년에는 폭스콘의 매출이 약 1조 대만 달러를 돌파했고, 국영 회사인 중유를 제치고 대만 최대 기업이 되었다.

폭스콘의 발전은 거침없었다. 2014년 폭스콘은 아시아 태평양 텔레콤에 투자해서 대만 통신 서비스 산업에 진출했으며, 2016년에는 일본 샤프 주식회사와 전략적 제휴를 맺고 지분 66%를 보유해 최대 주주가 되었다. 또한 폭스콘은 노키아 폰을 판매한 HMD Global의 최대 주주이다.

궈타이밍은 기업인이었지만 정치에 관심이 있었다. 그는 1970년에 국민당에 입당했으며, 2012년 대선 과정에서 국민당의 마잉주 후보를 적극적으로 지원했다. 이후 부동산 개발업자인 트럼프(Trump)가 미국 대통령에 당선된 것에 영향을 받아 2020년 총통 출마를 고려했다. 이를 위해 그는 2019년 6월 폭스콘 회장직에서 물러나 국민당에 입당했다. 당시 궈타이밍은 꿈에서 대만의 민속 신앙인 마주(馬祖)의 계시를 받아 출마하게 되었다고 말했다. 그러나 경선에서 한궈위(韓國瑜)에 패하면서 그의 시도는 무산되었다.

2024년 총통 선거에도 참여하기 위해 다시 국민당 경선에 참여했으나 실패했으며, 무소속으로 출마를 검토하다가 이를 포기했다.

천티엔푸는 대만 산업 구조의 변화에 주목해서 산업을 빠르게 전환시켰으며, 궈타이밍은 대만 산업 구조에만 머무르지 않고 세계 시장의 변화에 민첩하게 반응해서 기업을 세계적인 규모로 확장했다고 할 수 있다. 두 기업가 모두 중국 시장의 개방을 최대한 활용해서 기업의 수익 극대화를 추구했다.

(3) TSMC의 장중머우

장중머우는 1931년 중국 저장성 닝보에서 중국 은행가의 집안에서 태어났다. 그가 성장하던 시기의 중국은 국공내전과 중일전쟁으로 나라가 혼란스러운 시기였다. 이러한 이유로 그는 고등학교를 졸업하기까지 중국의 6대 도시를 전전하며 9번이나 학교를 옮겨야 했다. 결국 그의 가족은 홍콩을 통해 미국으로 이민했다. 이로 인해 그는 미국 국적을 가지고 있다. 머리가 영민했던 장중머우는 1949년 하버드 대학에 입학했다. 그는 본래 철학과 인문학에 관심이 많았지만, 현실적인 이유로 인해 엔지니어로 진로를 바꾸었다. 장중머우는 1952년 MIT에서 기계공학 학사를 졸업했고, 1954년에는 석사 학위를 받았다.

장중머우는 졸업 후 회사에 입사해서 경력을 쌓았다. 실바니아

일렉트로닉스에서 3년간 경력을 쌓은 후 1958년 텍사스 인스트루먼트로 이직해서 20년간 근무했다. 1972년 텍사스 인스트루먼트에서 장중머우는 반도체 부문 부사장이 되었고, 1978년에는 그룹 전체의 부사장이 되었다. 이는 당시 글로벌 기업에서 근무한 중국인들 중 최고의 지위였다. 텍사스 인스트루먼트에 재직 시 그는 스탠포드 대학원에서 전기공학 박사학위를 받았다. 1983년에는 제너럴 인스트루먼트로 이직해서 최고운영책임자이자 R&D를 담당하기도 했다.

1985년 그는 대만 정부의 부름을 받아 대만산업기술연구원(ITRI)의 원장직을 맡게 되었다. 당시 대만은 2차 오일쇼크 위기로 인해 경제 위기를 맞은 상황이었다. 그는 대만의 산업 구조를 고려할 때 팹리스 업체로부터 제조를 위탁받아 생산을 전담하는 파운드리 사업에 적합하다고 판단했다. 소규모 팹리스 업체들은 IBM이나 TI, 도시바 등의 대기업에게 제작을 의뢰하곤 하는데 이때 디자인 이전을 강요당하는 사례가 많았다. 또한 대만은 미국이나 일본보다 반도체 디자인이나 마케팅에 취약했기 때문에 종합 반도체 사업으로 정면 승부를 하는 것은 승산이 없다고 판단했다. 그래서 그가 생각한 것은 파운드리 사업이었다. 그는 이를 위해 1987년 TSMC를 창업했다.

창업 당시 필요했던 자본금인 2억 2천만 달러는 대만 정부와 해외 투자로 마련했다. 1990년대 TSMC는 민영화 되었지만, 대만 정부기 지분의 6%를 보유하고 있었디. 징중미우의 판딘은 정획했다. 브로드컴, 마벨, 엔비디아 등이 TSMC에 주문 제작을 의뢰했으며, 이들 기업은 오랜 기간 동안 윈-윈 관계를 유지해왔다.

그는 2005년 74세로 고령을 이유로 해서 TSMC에서 은퇴했다. 그러나 2009년 금융위기가 발생하고 회사의 매출이 급락하자 다시 회사에 복직했다. 복직한 이후 그는 해고했던 직원을 복귀시켰고 투자도 확대했다. 연간 투자 규모를 15억 달러로 삭감했던 것을 2개월 만에 19억 달러로 증액했다. 2010년에는 48억 달러의 투자 규모를 발표하기도 했다. 또한 2009년부터 매년 약 100억 달러를 들여 첨단 생산 시설을 착공했으며, R&D 비중도 매출의 8%로 확대했다.

다른 기업들에 비해 TSMC의 중국 진출은 비교적 늦은 편이었다. 주로 대만에서 생산을 해오던 TSMC는 2015년 상하이에 10개의 공장을 세웠고, 2016년에는 중국의 난징에 최초로 12인치 대형 웨이퍼 공장을 착공할 것이라고 발표했다. 그러나 미국의 제재로 인해 난징 공장 증설이 무산되었다.

그는 2018년 87세의 나이로 은퇴했고 TSMC의 회장은 류더인(劉德音)이 맡게 되었다. 은퇴한 이후에도 그는 활발한 활동을 해오고 있다. 대만 정부는 그를 행정원 과학 기술 고문에 임명했고, 차이잉원 총통은 그를 2018년, 2019년, 2020년, 그리고 2021년 APEC 중화 타이베이 대표로 임명했다. 그는 2006년에도 APEC 하노이 정상회담에 총통 고문 대표로 참여한 바 있다.

TSMC를 창업한 장중머우는 천티엔푸나 궈타이밍과 같은 기업가는 아니다. TSMC는 공기업으로 출발해서 사기업으로 전환했는데, 미국 반도체 기업에서의 탄탄한 경력이 그가 TSMC를 이끈 배경이 되었다. 그러나 TSMC의 업종 선정과 투자 규모의 확대에서 그의 결정은 중요했으며, 중국 진출을 결정한 것도 그가 회장으로 있던 시기였다.

중국에서 활동하는 타이상 현황

        중국에는 2022년 약 5만여 개의 타이상 기업이 활동하고 있다. 대만 행정원의 집계에 따르면, 2012년과 2013년 타이상의 수는 각각 약 430만 명으로 조사 이래 최대 인원을 기록했고, 이후 그 수는 감소해왔다. 2019년 COVID-19의 확산 이후 그 수는 급격히 감소해서 2020년 24만 명, 2021년 16만 명으로 집계되었다. 1990년대부터 집계된 타이상의 대중국 투자 건수는 다음 그림에서 볼 수 있다. 타이상의 대중국 투자 건수는 1992년 공식 교류가 시작된 바로 다음 해인 1993년에 9,329건을 기록했다. 이는 현재까지 가장 높은 기록이다. 특이한 점은 1996년에 양안 간 미사일 위기가 발생하면서 군사적인 충돌이 우려되었음에도 불구하고, 그다음 해인 1997년의 투자 건수는 8,725건으로 기록상

대만은 중국의 경제를 어떻게 발전시켰나

두 번째로 높았다. 그러나 그 이후 투자 건수는 2002년과 2003년의 약간의 상승을 제외하고 대체적으로 감소하는 추세다.

타이상의 대중국 투자 건수

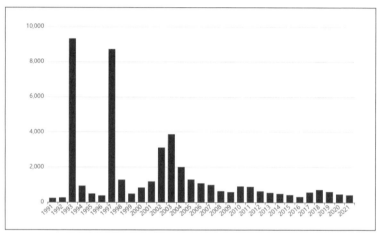

출처: 大陸臺商經貿網(2022)

위 그림에서와 같이, 타이상의 대중국 투자 건수는 연도별 격차가 심한 것을 볼 수 있다. 그러나 다음 그림, 즉 1992년부터 2021년까지의 타이상의 대중국 투자 액수는 2010년까지 꾸준히 증가하다가 그 이후로는 감소하는 특징을 보인다. 중국은 2001년에 WTO에 가입한 이후 2004년 세계 최대 해외 투자 수혜국을 기록하기도 했다. 타이상 역시 이 시기에 대중국 투자를 확대했다. 2002년부터 전 세계적인 대중국 투자액이 빠르게 증가해서 2010년 약 146억 달러로 최고 금액을 기록했다. 딩시 1위 투자 국가/

지역은 홍콩이었으며, 뒤를 이어 대만이 2위를 차지했다. 그러나 2011년 이후부터 금액이 감소해서 2021년에는 약 59억 달러를 기록했다. 이는 2010년 최고 투자 금액 대비 절반에도 미치지 못하는 금액이다.

타이상의 대중국 투자금액 (1992–2021) (1,000 달러)

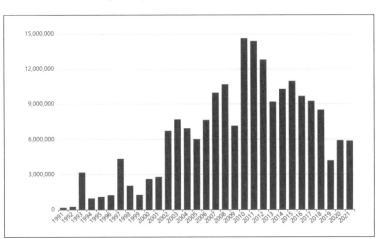

출처: 大陸臺商經貿網(2022)

산업별로 대만의 대중국 투자는 주로 중국의 제조업 분야에 집중되었다. 초기에는 제조업 중에서 전통적인 노동 집약적 산업인 신발 제조, 섬유, 플라스틱 제품 등이 중심이었다. 그러나 이후에는 소비용 전자 제품, 화학, 식품 분야의 제조업종으로 변화했다. 2007년 이후 제조업 분야 상위 5개의 기업은 전자 부품, 컴퓨터·전기·광학 산품, 전기 장비, 금속 가공, 플라스틱 제품이 차지했다.

다음의 그림에 의하면 이 핵심 5개 분야에 대한 투자가 증가하고 있음을 볼 수 있다. 또한 시간이 경과하면서 부동산, 금융, 관광, 미디어, 서비스 등 거의 모든 분야로도 타이상의 투자가 확대되었다.

주요 산업별 타이상의 대중국 투자 금액 (2007–2022)

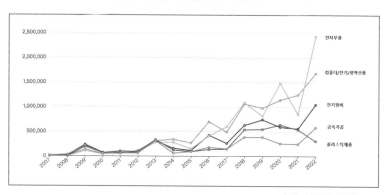

출처: 大陸臺商經貿網(2022)

지역별로 개방 초기에 타이상은 중국의 광둥성, 푸젠성, 상하이시에서 주로 활동했으며 점차 장쑤성, 저장성, 베이징시, 톈진시로 이동했다. 다음 그림인 '지역별 타이상의 대중국 투자금액(2007-2022)'에 의하면 2022년에는 장쑤성, 광둥성, 상하이시, 저장성, 푸젠성의 순서로 투자를 했으며 각각 약 38억 달러, 약 19억 달러, 약 14억 달러, 약 6억 달러, 약 3억 달러를 기록했다. 누적 투자금액 면에서는 2020년까지 장쑤성에 가장 많은 투자를 했으며 이어서 상하이시, 광둥성, 푸젠선 순이다.

지역별 타이상의 대중국 투자 금액 (2007–2022) (1,000 달러)

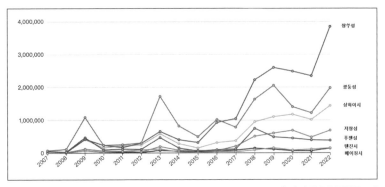

출처: 大陸臺商經貿網(2022)

대만은 중국의 경제를 어떻게 발전시켰나

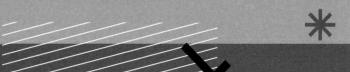

2장
타이상은 중국을 어떻게 발전시켰나

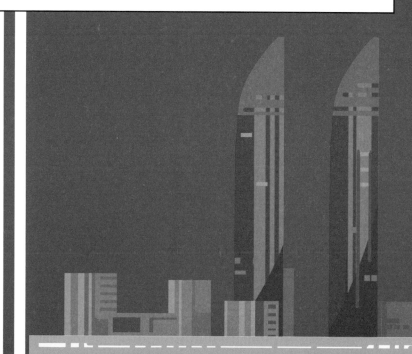

중국의 정책 변화와
타이상의 역할

　　　　　　양안 경제 교류에서 타이상 역할의 중요성이 알려지면서 타이상 연구가 증가하기 시작했다. 이 과정에서 최근에는 이를 종합한 연구 논문과 저서들도 다수 출간되었다. 경수(耿曙)는 타이상 중국 진출과 타이상을 대상으로 한 연구의 발전을 연계해서 타이상 연구를 시기별로 구분했다. 산위리(单玉丽)는 타이상의 활동 지역과 산업을 중심으로 노동 집약적 중소 규모 제조업 투자기(1980년대), 장강삼각주 일대 전자산업 등 기술 산업 투자기(1990년대), 장강삼각주 클러스터 형성과 서부 내륙으로의 확대기(2000년 이후)로 구분했다. 차이동지에(蔡東杰) 등은 타이상의 중국 투자의 확장성을 중심으로 해서 탐색적 시기(1981-1991), 확장성 시기(1992-2007), 가속성 시기(2008-)로 구분했다. 이러한 연구들은 대부분 타이상의 규모와 활동의 변화에 대한 시계열적인 연구다.

대부분의 기존 연구는 타이상의 규모와 활동의 변화라는 집단으로서 타이상의 내부적인 특징의 변화에 초점을 두어 시기를 구분하고 있다. 이러한 접근의 문제점이라고 한다면, 타이상의 변화에만 주목하기 때문에 타이상의 활동지가 중국이며, 따라서 중국의 정책적 변화가 타이상의 활동에 영향을 미친다는 점을 간과하고 있다는 점이다. 타이상이 양안 교류를 이끌었다는 점에서 타이상 자체의 역량에 주목하는 것도 의미가 있겠지만, 타이상의 활동은 실질적으로 중국 정부와 대만 정부의 법적, 행정적 규제의 영향을 받고 있다. 특히 중국 정부의 정책적 변화에 따라 많은 영향을 받았다.

중국은 개혁 개방 이후 자국의 경제 성장을 위해 해외 투자와 기업을 유치하는 데 적극적이었다. 그중에서 대만을 포함한 화교 자본이 중국에 우호적이었고, 중국 정부는 타이상 투자를 유치하기 위해 우호적 정책을 제시했다. 이러한 중국 정부의 개방성과 우호성이 중국에서의 타이상의 활동을 고무시켰다. 반면 대만 정부는 이와 반대의 입장이었다. 양안 경제 교류가 진행되는 과정에서 대만 정부는 타이상의 활동이 확대되면 대만 경제의 중국에 대한 경제 의존성이 심화되고, 대만 산업의 공동화(hollowing)가 될 것을 우려했다. 이로 인해 대만 정부는 타이상 활동에 규제를 가했다. 특히 독립 지향적인 민진당 집권 시기에는 그 규제의 강도가 높아졌다.

그러나 대만 정부의 규제 속에서도 타이상은 중국에서 자율적으로 활동했다. 그 이유는 타이상의 경제 활동에 대해 대만 정부가 지원해줄 수 있는 부분이 없기 때문이다. 대만은 국제사회에서 국가로 인정받지 못하기 때문에 타이상의 해외 경제 활동을 지원해줄 수 없었다. 따라서 대만 정부가 타이상의 활동을 규제만 할 뿐 지원할 수 없는 현실적인 제약으로 인해 타이상은 대만 정부로부터 일정 정도의 자율성을 가질 수 있었다.

한편, 지역의 경제 성장을 추구하는 중국의 지방 정부는 타이상을 유치하기 위해 낮은 지대, 낮은 임금과 같은 유리한 조건을 제공하면서 지방 차원에서 우호적인 사업 환경을 조성했다. 타이상은 이러한 우호적인 지방 정부와 '관시(關係)'를 형성하며 유리한 사업 환경을 만들어갔다.

2007년 4월 16일, 중국에서 활동하는 타이상은 〈전국대만동포투자기업연합회(全國臺灣同胞投資企業聯誼會)〉를 설립했다. 앞서 중국 경제에 타이상의 기여가 중요해지면서 1988년 중국은 타이상들이 중국에서 협회를 조직하는 것을 허용했고, 이어서 1994년 중국 공산당 인민대회 상임위는 〈투자보호법〉을 통과시켜 타이상이 조직한 협회가 중국에서 법률적인 보호를 받을 수 있도록 했다. 2007년에 설립된 〈전국대만동포투자기업연합회〉는 중국 본토의 각지에 설립된 대만 자본 기업 협회와 기업으로 구성된 비영리적인 사회단체다. 2014년에는 약 139개의 기업이 〈전국대만동포투자기업연합회〉에 가입했고, 2020년에는 회원 기업이 약 300여 개로 성장했다.

〈전국대만동포투자기업연합회〉는 중국 정부의 관리와 감독을 받았다. 가입하는 기업과 타이상의 수가 많아지면서 대만 선거 정치에서 이들의 영향력 또한 증가하기 시작했다. 중국에서 사업을 하기 때문에 이들은 대만과 중국과의 관계가 안정적이고 평화적으로 지속되기를 원했고, 따라서 국민당을 지지하는 경향이 있었다. 이들은 대만에서 총통 선거나 입법원 선거와 같은 중요한 선거가 있을 때 귀국해서 투표했는데, 이때 연합회는 전세기를 마련해서 이들의 귀국을 도왔다. 그러자 이는 중국의 대만 투표 개입으로 여겨져 대만 내에 많은 논란을 낳았다. 연합회는 타이상들이 중심이 되어서 설립했지만, 실질적으로는 중국 정부의 규제하에 있었다.

한편 시간이 경과하면서 중국 정부의 타이상에 대한 태도는 변화하기 시작했다. 30년이라는 시간이 경과하는 동안 중국의 경제는 빠르게 성장했고, 산업 구조가 변화했으며, 노동자의 의식도 변화했다. 또한 경제 개방 당시에는 부족했던 자본과 기술도 어느 정도 갖추게 되었다. 내수가 충분한 가운데 기존에는 해외의 수입에 의존했던 부품이나 상품을 스스로 생산하게 되었다. 그러자 타이상 역할의 중요성이 감소되었다. 그 결과 중국의 타이상에 대한 우호적 정책이 변화했고, 이는 타이상 활동의 변화, 축소, 탈중국화 등으로 이어졌다.

초기에는 우호적이었지만 이후 비우호적으로 변화된 중국의 정책은 다음의 네 가지가 있다.

첫째, 1992년 덩샤오핑이 발표한 '남순강화(南巡講話)'다. 경제 성장을 위해 중국은 1978년 개혁 개방을 선언했지만 큰 변화가 없었다. 그러자 덩샤오핑은 남부 지방을 순시하면서 개혁 개방을 가속화하겠다는 '남순강화'를 발표했다. 중국이 개혁 개방을 선언한 이후 이미 다양한 방법으로 중국에 진출해 있던 타이상은 이 기회를 놓치지 않고 중국 진출을 확대했다.

둘째, 2001년 중국의 WTO 가입이다. 이는 중국이 해외 시장에 본격적으로 진출할 수 있다는 것을 의미했다. 중국의 가입에 이어 2002년 대만도 WTO에 가입했다. 이로 인해 양안의 경제 협력은 중국을 넘어 세계 시장으로 확장되었다. 특히 이 시기의 반도체 산업을 중심으로 한 양안 협력 과정에서 타이상 기업의 활약이 두드러졌다. 타이상은 WTO에 가입한 이후 반도체 글로벌 공급망에 참여할 수 있게 된 중국에 반도체 공장을 세울 것을 계획했다. 그 방식은 타이상이 미국의 실리콘밸리로부터 반도체 산업 분야의 지식을 전수받아 이를 중국에 있는 제조업 분야에 적용하는 것이었다.

셋째, 2008년 중국의 새로운 노동법 제정이다. 중국의 경제가 빠르게 성장하고, 자본주의가 확산되면서 국내 산업구조의 개편과 노동법 개정이 뒤따랐다. 중국 정부는 성장의 불균형 문제를 해소하고자 내륙 지역으로의 산업 기지 이전을 추진했고, 중국 노동자들이 스스로의 노동 가치를 재평가하기 시작하면서 임금 인상과 처우 개선의 문제가 제기되었다. 이 과정에서 노동 집약적인 제조업에 종사하는 중소기업 타이상의 수익이 감소했고, 공장 이전을 해야 하는 등의 영향을 받기 시작했다.

넷째, 2015년 중국 정부의 〈중국제조 2025(中國製造2025)〉 선포다. 〈중국제조 2025〉는 제조업의 활성화를 목적으로 하고 있으나, 반도체 산업의 핵심 기술 확보가 핵심이었다. 그러자 이는 노동 집약적인 타이상과 반도체 산업과 같이 자본과 기술 집약적인 타이상에 대한 중국의 대우가 더욱 차별적이 되었다. 반도체 산업의 경우, 자본과 기술 집약적 산업으로서 중국의 반도체 산업 육성에 여전히 도움이 되었다.

초기의 두 정책은 타이상에게 우호적인 사업과 투자 환경을 조성해서 타이상의 대중국 활동을 확장시켰다. 그러나 이후의 두 정책은 타이상을 양극화시켰고, 특히 노동 집약적인 중소기업 타이상의 활동을 위축시켰다. 한편, 중국의 반도체 굴기 전략은 미국의 개입을 가져와 양안 경제 교류에 새로운 행위자를 끌어들였다.

따라서 중국 정부의 정책적 변화가 타이상의 활동에 미치는 영향은 중요하며, 이 연구는 이에 주목해서 양안 교류를 다음과 같이 네 단계로 구분한다.

첫 번째 시기는 1992년부터 2000년까지 '남순강화' 이후의 중국 개혁 개방의 가속화와 타이상의 진출기다.

두 번째 시기는 2001년부터 2007년까지 중국의 WTO 가입과 타이상의 확장기다.

세 번째 시기는 2008년부터 2015년까지 중국의 자본주의적 개혁과 타이상의 조정기다. 이 시기의 자본주의적 개혁은 중국의 경제 성장 이후 진행된 산업 구조의 개편과 노동법 개혁을 말한다.

네 번째 시기는 2015년 중국이 〈중국제조 2025〉를 선포한 시기부터 현재까지의 중국의 반도체 산업 굴기와 타이상의 양극화기다.

양안 경제 교류의 네 단계

단계	중국의 정책적 변화	타이상 활동의 특징	시기
1	중국의 개혁 개방	타이상의 진출기	1992-2000
2	중국의 WTO 가입	타이상의 확장기	2001-2007
3	중국의 자본주의적 개혁	타이상의 조정기	2008-2014
4	중국의 반도체 산업 국기	타이상의 양극화기	2015-

중국의 정책 변화는 타이상의 활동을 위한 구조를 형성해왔으며, 타이상의 대중국 투자와 경제 활동은 양안 경제 교류를 견인해왔다. 따라서 양안 경제 교류는 중국의 우호적 혹은 비우호적인 정책이 타이상의 활동에 영향을 미치는 구조를 형성하는 가운데, 타이상의 수익 극대화를 위한 다각적인 대응과 활동이 양안 경제 교류를 특징지어 왔다고 할 수 있다. 이 과정에서 대만 정부의 영향은 한계가 있었으며, 타이상은 지방 정부의 경제적 발전을 원하는 중국 각 지방 정부의 관리들과 호혜적인 관계를 유지했다.

타이상의 진출기

(1992-2000)

      1992년 1월 18일부터 2월 22일까지 덩샤오핑은 중국 우창, 선전, 주하이, 상하이 등 남부 지방의 경제특구 지역을 순시하면서 시장의 개혁 개방과 관련한 '남순강화'를 발표했다. 덩샤오핑이 발표한 내용의 핵심은 중국 시장의 개혁과 개방을 더욱 확장해서 이를 통해 침체된 중국의 경제를 활성화시키자는 것이었다. 앞서 마오쩌둥(毛澤東)이 사회주의 사회를 구축하기 위해서 고안해낸 대약진운동은 농업, 공업, 상업 등의 모든 분야를 개조해서 경제 성장을 이루고자 했으나 실패로 돌아갔고, 이로 인해 초래된 정치적 위기를 만회하고자 시행한 문화혁명은 중국 경제를 더욱 어렵게 했다. 덩샤오핑은 무모한 사회주의 개혁으로 인해 어려움을 겪고 있던 중국 경제를 회생시키기 위해 시장 경제를 도입하는 획기적인 방안을 제시했다. 1978년 중국공산당 제11기 3중 전회에서는 중국의 개혁 개방을 선포했고, 해외 자본을 유치하기 위한 다양한 정책을 시행했다.

중국은 경제 발전을 위한 의지는 있었지만 기술과 자본이 부족했다. 중국은 타이상과 전 세계에서 활동하고 있는 화교들이 이 공백을 메워 줄 수 있을 것이라고 생각했다. 중국은 대만에 대해 '삼통사류(三通四流)' 정책을 제안했다. '삼통'은 통상(通商), 통우(通郵), 통항(通航)을 의미하며, '사류'는 경제, 문화예술, 과학기술, 체육 분야의 교류를 의미한다. 또한 중국은 남부의 광둥성과 푸젠성에 해외 자본이 투자할 수 있도록 경제특구를 설치했고, 1986년에는 〈외자기업법〉을 도입했다. 이를 통해 경제특구에 진출하는 해외 기업에 대해 세제 혜택과 경영의 자율성을 허용했다. 특히 타이상에 대해서는 추가적인 법규를 마련했다. 1988년 〈국무원의 대만동포 투자를 권장하는 규정〉과 1994년 〈중화인민공화국 대만동포 투자 보호법〉은 중국에 투자하는 타이상에게 우대를 보장하는 내용을 담고 있다. 또한 타이상이 중국에서 보다 활발하게 경제 활동을 할 수 있도록 대만과 지리적으로 가장 가까운 푸젠성의 샤먼에 경제특구인 '대만기업 투자구'를 설치했다. 샤먼에 가까이 있는 대만의 진먼*에 거주하고 있는 주민들은 이를 환영했다.

*진먼의 특수성

진먼은 대만의 영토이지만 지리적으로 중국과 더 가깝다. 대만 본토와의 거리가 약 150해리인 반면, 샤먼과는 약 10해리 정도밖에 되지 않으며, 행정 구역상으로도 진먼은 중화민국 타이완성이 아닌 중화민국 푸젠성으로 되어 있다. 진먼의 인구는 2015년 약 12만 명 정도이며, 총면적은 약 150㎢의 작은 섬이다. 또한 진먼은 지하자원이 없고 인구도 적기 때문에 경제 활동을 위한 기반이 매우 열악하다. 양안 간의 군사적 긴장이 팽배하던 시기에는 많은 군인들이 머물면서 이를 기반으로 경제가 활성화되었으나, 긴장이 완화된 이후에는 경제가 어려워졌다. 그러자 진먼의 주민들은 정부가 금지하고 있음에도 불구하고, 중국 정부가 허용하자 샤먼과 밀무역을 하기 시작했다.

진먼 주민들의 강한 요구에 의해 대만 정부는 이 지역의 개방을 단계적으로 허용하게 되었다. 대만 중앙정부로부터 전기, 수로 등의 충분한 지원을 받을 수 없는 상황에서 진먼, 마주, 펑후 지역 주민들은 가까이 있는 중국 지방 정부와 교류를 통해 지역 경제를 정상화하고 활성화시키기 원했다. 심지어 이들은 정부와 사전 조율도 없이 중국 지방 정부와 협정을 맺으면서 대만 정부 정책에 반하는 행동을 하기도 했다. 1993년 중국의 대외경제무역합작부와 해관총서는 대만 정부와 상의 없이 〈대만 지역에 대한 소액무역에 관한 관리방법〉을 공표했다. 이는 두 지역 간에 불법적으로 진행되고 있던 밀무역을 합법화하는 내용이다. 그러자 진먼에서도 이에 대해 진마애향연맹(金馬愛鄉聯盟)이 주도해서 〈진먼 및 마주 지역과 중국의 소삼통에 대한 건의〉를 발표했다. 이는 진먼, 마주 지역과 중국의 샤먼, 푸저우 지역 간의 직접적인 교류를 하자는 내용이었다.

1992년 양안 교류를 허용한 대만 정부는 진먼, 마주, 펑후 지역과

중국 샤먼 간의 상호 교류를 위한 제도를 정비했다. 1995년에는 〈현
단계 양안 경제무역관계 발전방안〉을 발표해서 대만과 중국 간의 중계
무역 기지 건설안에 대한 구상을 밝혔다. 또한 1999년에는 중국의 소
액 무역 개방 정책에 대해 대만에서도 소액의 중국 물품을 수입할 수 있
도록 하는 정책을 발표했다. 이로 인해 진먼과 샤먼 간에 거래되는 소액
무역은 합법화되었다. 2000년 대만 정부는 샤먼 지역과 진먼 지역의
경제 및 사회의 모든 교류를 합법화하는 〈이도건설조례 제18조(離島建
設條例第十八條)〉를 통과시켰다.

그러나 중국은 1989년 천안문 사태를 겪으면서 해외 투자의 유
입에 제동이 걸리기 시작했다. 천안문 사태의 무력 진압 이후, 미
국은 대중국 봉쇄 정책을 주도했고, 중국에 투자하는 데 불안감을
느낀 많은 해외 자본들이 빠져나갔다. 이로 인해 중국은 경제 개발
을 위한 자금을 조달하는 데 어려움을 겪게 되었다. 1992년 덩샤
오핑이 '남순강화'를 감행한 것은 이러한 위기를 타개하기 위해서
였다. 덩샤오핑은 개혁 개방으로 인해 시장 경제를 실험하고 있던
남부 지방을 찾아 개혁과 개방을 지속해야 한다는 담화를 했다. 그
내용은 1992년 10월 개최된 제14기 중국공산당 전국 대표대회에
서 '사회주의 시장 경제 체제의 수립' 방침으로 수록되었다. 시장
경제를 도입하는 경제 체제의 개혁이 다시 빠르게 진행되었다.

당시 중국 내에서는 이러한 덩샤오핑의 행보를 모두 환영한 것
은 아니었다. 특히 통일과 마르크스 이데올로기를 우선적으로 하
는 전통적인 보수 인사들은 덩샤오핑의 개혁을 못마땅해 했다. 시

장 경제의 도입은 사회주의 이데올로기를 포기하는 인상을 줄 수 있을 뿐만 아니라, 중국이 자본주의와의 체제 경쟁에서 패배했다는 점을 인정하는 것과 같은 것이었다. 그러나 이미 경제특구로 지정되어 해외 자본의 유입을 통해서 외부와 경제 교류를 해오던 지방 정부들의 입장은 달랐다. 그들은 이미 시장주의가 경제적 수익을 창출한다는 것을 경험했다. 또한 경제특구에는 이미 다양한 방식으로 타이상을 비롯해서 홍콩을 포함한 화교 자본이 진출해 있었다. 중국은 대만 정부에게 불법적이고 암암리에 이루어지고 있는 양안 간 경제 교류를 공식화하자고 제안했다.

중국의 이러한 제안에 대해 대만의 장징궈 총통은 매우 부정적이었다. 그는 "공산당과는 접촉하지 않는다", "공산당과는 담판하지 않는다", "공산당과는 타협하지 않는다"라는 '3불 정책'으로 대응했다. 이는 그 어떤 경우든 중국과 경제 교류를 하지 않을 것이라는 입장이었다. 또한 당시 대만에는 계엄을 의미하는 '국가동원시기(動員戡亂時期)'가 발령되어 있었기 때문에 공산당과의 교류와 접촉은 법으로 금지되어 있었다.

이러한 가운데 1980년대 후반, 대만은 민주적 전환을 경험했다. 대만은 국민당이 통치하는 권위주의적 정당국가(party state) 체제를 유지해왔는데, 민주적 전환에 대한 야당 세력의 강한 요구로 인해 정치적 문호를 개방하게 되었다. 정당 경쟁이 가능해지면서 1992년 최초의 민주적 방식의 입법원 선거가 실시되있고, 이 과정을 통해 민진당이 제1야당이 되었다. 민주적 선거의 실시와 함께 제도 개혁도 진행되었다. 그중에서 '국가동원시기'의 폐지가 있었다. '국가동원시기'는 중국과 전쟁에 있다는 가정하에 사회적 불안정을 초래할 수 있는 모든 행위를 규제했는데, 여기에는 공산당과의 교류와 접촉 금지도 포함되어 있었다. 따라서 '국가동원시기'의 폐지는 중국과 경제 교류를 공식화하기 위한 하나의 장애를 제거하게 된 셈이었다.

그러나 '국가동원시기'의 폐지보다도 더 큰 문제는 상호 간 국가성을 인정하지 않는다는 현실이었다. 당시 국민당 정부는 중국과 분단되었다는 입장에서 중국 전 영토를 회복해야 한다는 '국토 회복'이 정당과 국가의 가장 큰 지상 과제였다. 따라서 대만 정부는 중국 공산당이 통치하고 있는 중화인민공화국을 공식적인 국가로 인정하지 않으며, 중국 역시 중화민국 대만을 국가로 인정하고 있지 않았다. 이러한 상황에서 상호 간 경제 교류를 허용한다면 이는 상대의 국가성을 인정한다는 것이 된다. 따라서 대만과 중국은 대내외적으로 교류의 정당성을 인정받을 수 있는 어떤 근거가 필요했다. 이를 위해 상호 간에 체결한 것이 1992년 국민당과 공산당이 체결한 '92공식(九二共識)'*이다. 이는 "하나의 중국을 인정하되, 그 해석은 각자 알아서 한다"라는 내용으로, 정치적 합의 없이 경제 교류를 하기 위해 상호 간에 체면을 차려주기 위한 임시적인 합의라고 할 수 있다. '92공식' 합의 이후, 1992년 리덩휘(李登輝) 정부 하의 대만은 중국과 공식적인 경제 교류를 허용했다.

*92공식(九二共識, 92Consensus)

　　1992년 11월, 중국과 대만은 홍콩에서 '하나의 중국' 원칙을 상호 존중하지만 그 해석은 각자 알아서 한다는 내용의 합의를 했는데, 이를 이후 1992년의 합의라는 의미로 '92 공식'이라고 부른다. 이를 중국의 입장에서는 중화인민공화국이 중심이 되는 '하나의 중국'으로 해석하는 반면, 대만의 입장에서는 중화민국이 중심이 되는 '하나의 중국'으로 해석한다. 당시 중국과 대만 간의 정치적·군사적 긴장이 지속되는 가운데 경제 교류를 앞두고 상호 교류를 위한 정당성의 확보가 필요했다. 상호 간에 '하나의 중국'을 인정하지만 해석을 각자 알아서 한다는 모호한 합의를 함으로써 충돌이 될 수 있는 부분을 기술적으로 피해 간 것이다. 당시 합의를 한 주체는 중국과 대만의 정부가 아니었으며, 반민반관의 성격을 지닌 중국의 해협 양안 관계 협회(해협회)와 대만의 해협 교류 기금회(해기회)였다.

　　대만이 중국과의 경제 교류를 주저한 이유로는 이와 같은 정치적 이유가 있었지만, 경제적인 이유도 있었다. 무엇보다도 대만 정부는 많은 사업가들이 중국으로 진출할 경우 초래될 수 있는 중국에 대한 과도한 경제 의존을 우려했다. 중국은 당시 낮은 임대료와 저임금 노동력이 풍부했고, 타이상을 끌어들이기 위한 다양한 세제 혜택과 특혜를 제공했다. 따라서 많은 타이상들이 중국으로 진출하기를 원했는데, 이는 대만 산업의 공동화를 초래할 위험이 있었다.

많은 전문가들과 정치인들은 대만의 경제가 중국보다 기술이나 인력에서 앞선다고 하더라도, 인구와 영토의 규모를 고려할 때 장기적인 관점에서는 중국에 대한 대만의 의존도가 심화될 것이라고 보았다. 따라서 리덩휘 총통은 중국과의 경제 교류 과정에서 서두르지 말고 경계하며 참을성 있게 진행하자는 의미로 '계급용인(戒急用忍)' 정책을 제시했다. 이는 정책에 반영되어 특수 분야에 대한 투자를 금지하고, 대만이 투자하는 중국의 프로젝트에는 5천만 달러라는 투자 상한선을 두었다. 또한 중국과 공동으로 벤처 사업을 추진하는 경우 자본의 비중을 40%로 설정했다가, 이를 이후에는 30%로 낮추었다.

대만 정부의 조치는 만족할 만한 수준은 아니었지만, 양안 경제 교류가 합법화되었다는 점에서 타이상은 이를 환영했다. 당시 대만의 기업가들이 본격적으로 중국으로 진출하려는 데는 중국이 제공한 기회가 중요한 계기가 되었지만, 다음과 같은 이유로 인해 대만 내에서 사업을 위한 환경이 점차 기업가들에게 불리해지고 있다는 문제도 있었다.

첫째, 1980년대 중반에 접어들면서 대만은 노동 비용의 상승, 지가의 상승, 화폐 개혁의 단행 등 산업 전반의 구조 조정으로 인해 기업 활동에 불확실성이 있었다. 대만의 기업가들은 수출 주도 산업의 구조 속에서 성장해왔다. 또한 국가 주도 수출 산업 전략은 제조업을 중심으로 대만 경제의 빠른 성장을 가져왔다. 그러나 이러한 성장은 임금의 상승을 수반했다. 1961년부터 1971년까지 약 10년 간 대만의 일인당 소득은 2배 이상 상승했으며, 이어서 1971년부터 1973년까지 단 3년 만에 일인당 소득은 또다시 2배가 상승했다. 이 는 임금의 상승 속도가 매우 빨랐음을 알 수 있다.

둘째, 또한 1986년과 1988년의 기간 동안 대만 정부는 화폐 개 혁을 단행했다. 화폐 개혁 이후 미화 1달러당 39대만 달러가 26대 만 달러로 가치가 조정되었다. 대만 달러의 가치가 하락하자 대만 수출 상품의 가격이 상승하게 되어 수출 구조에 이상이 생겼다.

셋째, 민주화로 인해 변화된 사회적 요구도 기업 활동에 또 다른 차원의 어려움을 초래했다. 1980년대 말 민주화 과정을 거친 대만 사회는 민주적 제도 개혁, 권위주의 정권 시기에 자행된 국가 폭력 에 대한 문제 등의 민주화 이슈 이외에도 여성, 인권, 환경 등 탈물 질주의적 이슈도 함께 제기되었다. 이 중에서 환경 이슈는 효율성 을 중시하는 기업 활동에 불리한 조건을 형성했다. 기업이 환경 규 범을 준수하지 않고는 생산 활동을 할 수 없게 되었다. 기업의 활 동은 시민 단체의 감시와 견제를 받게 되었으며, 정치권의 규제도 점차 늘어나기 시작했다.

이러한 이유로 인해 대만에서는 특히 노동 집약적 제조업이 사 양 산업으로 간주되었으며, 관련 기업의 종사자들은 해외에서 대 체 지역을 찾고 있었다. 이러한 시점에 중국이 시장을 개방한 것이 었다. 타이상은 먼저 샤먼으로 진출한 이후 이 지역을 기반으로 다 른 지역으로 활동 영역을 확대했다. 궈타이밍과 천티엔푸가 중국으로 진출한 시기도 바로 이때였다. 권타이밍과 천티엔푸는 각각 1988년과 1990년에 중국에 첫 번째 공장을 설립했다. 타이상들은 초기에 광둥성의 선전, 동관과 같은 주장 삼각주를 중심으로 주로 활동했다. 1989년 톈안먼 사건이 발생하면서 국제사회의 중국에 대한 제재가 발동하고 중국에 대한 투자가 감소하면서, 사회 개혁 개방 정책은 위기를 맞게 되었을 때, 타이상은 이 상황을 이용해서 사업을 확장하는 계기로 삼았다.

타이상이 중국으로 진출한 배경에는 중국이 대만과 동일한 언어와 문화권에 있다는 점과 지리적으로도 인접해 있다는 점도 크게 작용했다. 다른 해외 자본과 달리 타이상은 중국어를 사용했고, 중화 문화권에 속해 있었기 때문에 중국인과 의사소통 과정에서 큰 문제가 없었다. 특히 진먼과 같은 경우는 대만 본토보다도 중국 샤먼에 지리적으로 더 가까웠다.

타이상의 활동으로 인해 중국 시장과 대만 시장은 빠르게 연결되기 시작했다. 특히 양안 제조업은 상호 보완적인 특징을 지니고 있었다. 1995년부터 1998년의 기간 동안 중국은 타이상에게 저렴한 토지, 공장, 노동력을 제공하고, 타이상은 설비, 원재료, 견본품을 조달하는 방식으로 물건을 생산했다. 이렇게 중국에서 생산된 상품은 타이상이 책임을 지고 대만에 판매하거나 해외 시장에 판매했다. 양안 간에는 제조업에서 분업이 매우 효율적으로 이루어졌다.

양안 경제 교류가 활발해지는 가운데, 1992년 이후 중국의 경제 성장 속도가 빨라지기 시작했다. 중국은 비약적인 경제 성장에 힘입어 산업 구조에서도 변화가 나타났다. 이 기간 동안 중국은 노동 집약적인 산업에서 기계 전자 등의 기술 집약적 산업으로 변화하고 있었다. 1990년대 말에는 타이상의 주도하에 ICT 산업의 조립선이 중국 해안 지방으로 이동했다. 중국이 가공 무역의 기지에서 세계의 공장으로 변화하기 시작한 것이다. 이와 같은 발전은 WTO에 가입해서 국제 시장으로 진출하고자 하는 중국의 산업 구조를 개선시켰다.

한편 이 시기 국제 경제 질서는 새로운 변화를 겪고 있었다. 미국, 일본, 유럽 국가들을 중심으로 생산 효율성과 수익 극대화를 위해 글로벌 공급망을 형성하고 있었다. 이 과정에서 타이상은 노동 집약적 제조업 분야뿐만 아니라 자본 집약적인 첨단 기술 산업에서 글로벌 공급망의 상위에 자리 잡고자 하는 계획을 세웠다. 대만의 주요 산업은 이미 1990년대 중반에 이르면 신발, 섬유, 잡화 등을 중심으로 하는 노동 집약적인 제조업에서 컴퓨터와 석유 화학과 같은 자본-기술 집약 산업으로 이동하고 있었다. 타이상은 이러한 변화를 중국 시장과 연결시키고자 했다.

이 과정에서 대만에게는 의류, 자전거, 신발, 금속 제조, 전기 부품, 기계, 석유 화학, 노트북 컴퓨터, 반도체, 리퀴드 크리스탈 패널, 광학 제품, 애플사 장비 등에 참여 기회가 있었다. 타이상은 이 기회를 적극적으로 활용해서 유연적 생산 모델을 중국으로 확장시켰다. 당시 중국은 하부 구조, 저렴한 노동력, 효율적인 관세, 포괄적인 물류 체계 부분에서 완벽한 조건을 갖추고 있었다. 대만의 첨단 기술 기업은 중국에 설비 시설을 세웠다. 폭스콘은 애플사의 제품을 중국 현지 공장에서 조립하기로 결정했다.

이와 같이 1992년부터 2000년까지 타이상의 진출기에는 양안 경제 교류가 공식적으로 시작되었고, 타이상은 덩샤오핑의 개혁 개방 정책을 누구보다도 환영했다. 이들은 대만 정부가 공식적인 경제 교류를 허용하기 전부터 다양한 경로를 통해 중국 시장에 진출했다. 1992년의 양안 경제 교류의 공식화는 이러한 비공식적이고 불법적으로 이루어졌던 타이상의 활동을 수면 위로 끌어올리는 효과를 가져왔을 뿐만 아니라, 양안 경제 교류를 폭발적으로 확대시켰다. 이로 인해 중국으로 진출한 타이상의 대중 투자액은 매년 상승했으며, 이 시기의 투자 건수는 매우 높아 1993년에는 9,329건을 기록했고, 1997년에도 8,725건을 기록했다. 그러나 항상 양안 경제 교류의 정치적 효과에 대해 우려하고 있던 대만 정부는 중국에서 타이상의 활동이 지나치게 확대되는 것을 경계했다. 1996년 포모사 플라스틱스는 중국이 구상한 석유 화학 프로젝트에 참여하고자 했다. 그러나 대만 정부는 이를 무산시켰다. 그럼에도 불구하고 1990년대 말 포모사 플라스틱스는 결국 이 프로젝트에 참여했다. 또한 글로벌 공급망이 형성되는 과정에서 많은 대만의 반도체 기업이 중국으로 진출하려고 했다. 그러자 대만 입법원은 안보를 이유로 이를 제재했다. 당시 반도체 칩을 생산하는 그레이스 T.H.W. 그룹이 상하이시에 공장 설립을 하고자 하는 계획을 정부에 요청했는데, 이 또한 당시 사회적으로 큰 이슈가 되었다.

타이상의 확장기

(2001-2007)

　　2001년 12월, 중국은 WTO에 가입했다. 이로 인해 중국 기업들은 해외 시장에 보다 쉽게 진출할 수 있게 되며, 무역 활동에 안정적인 기반을 마련할 수 있게 되었다. 또한, 다양한 지역 및 다자간 무역 협정에 참여함으로써 다양한 무역 파트너와의 협력이 촉진될 수 있다. 가입국은 관세와 비관세 장벽을 줄이고, WTO의 규칙을 준수하며, 최혜국 대우(MFN)의 원칙을 지켜야 하는 의무가 따른다. 중국의 가입에 이어, 2002년 1월 대만도 WTO에 가입했다.

　　중국과 대만의 WTO 가입 과정은 많은 문제점을 내포하고 있었다. 중국은 1986년 7월에 WTO의 전신인 GATT에 가입을 신청했으나, 개발도상국 지위 인정 등의 문제로 합의에 이르지 못했다. 1995년 WTO 출범 후, 중국은 미국과의 양자 협상을 통해 가입을 위한 노력을 지속했다. 한편, 대만은 1971년 UN에서 축출된 후 모든 국제 기구의 가입이 제한되어 있었다. 중국이 GATT에 신청하자, 대만도 1990년 1월 재가입을 위한 신청서를 제출했지만 중국의 간섭으로 인해 성사되지 못했다. GATT가 WTO로 전환된 후에도 대만은 지속적으로 가입을 신청했으나 중국의 제재로 가입하지 못했다. 그러나 중국은 2001년 6월 미국과 구체적인 가입 조건에 합의함으로써 최종 가입을 승인받았고, 그해 11월 개최된 WTO 각료회의에서 중국과 대만의 가입이 동시에 승인되었다. 이는 대만의 가입을 중국이 묵인하는 조건으로 중국의 가입을 미국이 허용하는 방식에 따른 협상 결과였다. 이로써 2001년과 2002년에 양안은 새로운 경제 협력의 기회를 얻게 되었다.

중국은 WTO 가입을 통해 약속한 대외 개방을 활용해서 국유기업과 금융 체제의 개혁을 가속화했다. 이를 통해 중국은 해외 시장에 직접 진출할 수 있게 되었으며, 타이상과 화교 자본을 넘어 세계 자본의 투자를 유치할 수 있게 되었다. 이 과정에서 양안 간의 경제 협력 공간이 세계 무대로 확장되는 효과를 가져왔다. 타이상은 이 기회를 활용해서 미국, 유럽, 일본 기업이 중국에 투자하도록 유도하는 역할을 했다. 중국으로 유입되는 해외 자본이 급증함에 따라 타이상은 중국의 농업, 제조, 서비스 분야에서 새로운 사업 기회를 찾을 수 있었다이 시기 대만은 2000년 집권한 민진당의 천수이볜 총통이 이끌고 있었다. 민주화 투쟁 과정에서 설립된 민진당은 대만의 민주적 개혁을 이끌었으며, 다른 한편으로는 대만의 자주성과 독립성의 중요성을 강조하면서 국민당과 차별적인 정책을 제시해왔다. 당시 대만은 1970-1980년대의 성공적인 경제 성장에 이어 민주적 전환도 평화적으로 이끌어 국제사회로부터 많은 칭송을 받고 있었다. 천수이볜은 이러한 이유로 양안 관계를 대만이 주도적으로 끌어갈 수 있을 것으로 판단했다. 그는 양안 교류의 활성화를 위해 '적극 개방 유효 관리(積極開放有效管理)' 정책을 발표했다. 이는 적극적으로 개방하고, 효과적으로 관리한다는 의미로 기존 양안 교류와 관련된 규제들을 완화하는 조치였다.

또한 천수이볜은 2001년 중국과 '소삼통(小三通)'을 체결해서 인적 왕래를 허용했다. 이는 중국이 제시했던 '삼통사류'의 정책 중에서 '삼통'에 대한 응답이라고 할 수 있다. 그러나 시험 단계인 만큼 전 대만 지역이 아닌 대만과 가까운 진먼, 마주, 펑후의 제한된 지역에 '삼통'을 허용하는 조치였다. '소삼통'으로 인해 중국의 샤먼과 진먼, 마주, 펑후 간에는 항공을 제외한 선박의 직항, 생필품 중심의 무역, 제한적인 인적 왕래, 상업 및 관광 산업, 그리고 샤먼으로부터의 진먼, 마주, 펑후로의 용수 공급 등이 허용되었다.

'소삼통'이 체결되자 중국은 개방성의 강도를 더욱 높였다. 중국 정부는 2004년 푸젠성 주민들이 진먼과 마주로 여행하는 것을 허용했고, 2005년 중국 국가관광국은 〈푸젠과 대만의 관광 교류(閩

臺旅遊交流)〉안을 발표해서 천수이볜 총통이 제시한 '소삼통' 정책을 지지했다. 한편 중국의 지방 정부 차원에서도 타이상들이 더욱 많이 진출해서 지방 경제의 발전에 기여하기를 원했다. 푸젠성 정부는 2001년 샤먼을 중심으로 타이상을 더 유인할 수 있는 해협 서안 경제구(海峽西岸經濟區) 계획안을 제시했다. 중앙 정부에 대해서는 해협 서안 경제구를 건설하면 국가의 균형 발전을 이룰 수 있을뿐더러 국가의 통일이라는 정치적 목표도 이룰 수 있을 것이라는 근거를 제시했다. 즉, 이를 통해 대만과 경제적으로 통일할 수 있으며, 더 나아가서는 정치적 통일로도 이어질 수 있다는 것이었다.

2004년 푸젠성 정부는 〈해협 서안 경제구 건설 강요(海峽西岸經濟區建設綱要)〉를 제기하고, 본격적으로 계획안을 추진하기 시작했다. 그러자 2009년 국무원이 〈푸젠성 해협 서안 경제구의 조속 건설에 대한 지지 의견〉을 제시하면서 해협 서안 경제구 구상을 지방 발전 전략에서 국가 발전 전략으로 승격시켰다. 2011년 3월 국무원은 〈해협 서안 경제구 발전 계획(海峽西岸經濟區發展計劃)〉을 정식으로 비준했다. 해협 서안 경제구는 푸젠성을 기반으로 해서 북으로는 창장 삼각주 경제구, 남으로는 주강 삼각주 경제구, 동으로는 대만, 서로는 기타 내륙 지역과 연결되는 방식으로 설계되었다. 여기에는 약 20개의 도시를 포함하고, 총면적은 27만 ㎢에 이르며 활동 인구는 약 9천만 명에서 1억 명 정도로 추산되었다. 2010년 기준으로 '해협 서안 경제구' 지역의 총생산량은 약 2조 5천억 인민폐로 추산되었다.

1990년대 중반 이후, 타이상의 대중국 투자 분야에서 ICT 산업의 비중이 빠르게 증가하기 시작했다. 2004년에 이르러 전체 투자금액 중 56%가 ICT 산업에 투자되었는데, 이는 1994년의 투자액의 약 2배에 해당하는 것이었다. 당시 대만 회사들은 전 세계 모니터와 마우스의 약 50%와 노트북의 약 54%를 생산하고 있었으며, 중국 개발 이후 이를 모두 중국에서 제조했다. 2002년에는 데스크탑 컴퓨터의 55%, 노트북 컴퓨터의 40%를 중국에 있는 타이상기업이 생산했다. 타이상의 자본과 기술로 출발한 중국의 ICT 산업은 2000년대 이후 빠르게 성장했다. 중국은 ICT 분야에서 자체 브랜드를 갖게 되었고, 산업의 연쇄적 성장도 매우 빨랐다. 중국의 방대한 내수 시장, 일관된 국가 주도 정책, 그리고 글로벌 공급망 참여가 빠른 성장의 요인이었다.

이 시기 양안을 중심으로 하는 공급망에서 중요한 위치를 차지하고 있던 것은 ICT 산업의 핵심인 반도체 생산이었다. 타이상은 WTO에 가입한 이후, 반도체 글로벌 공급망에 참여할 수 있게 된 중국에 반도체 공장을 세울 것을 계획했다. 그 방식은 타이상이 미국의 실리콘밸리로부터 반도체 산업 분야의 지식을 전수받아 이를 중국에 있는 제조업 분야에 적용하는 것이었다. 대부분의 ICT 기업들이 대만의 신주 공업단지에 본사를 두고, 중국 장쑤성의 쑤저우시에 위치한 쿤산 ICT 단지를 중요한 거점으로 삼았다.

대만은 중국의 경제를 어떻게 발전시켰나

타이상은 실리콘밸리-신주-쿤산이라는 네트워크를 형성해서 생산, 조립, R&D의 클러스터를 만들었다. 그 결과, 3년 만에 대만의 관련 생산자들이 모두 중국으로 이주했고, 이를 기반으로 2004년 중국은 대만을 제치고 ICT 산업 분야에서 전 세계에서 가장 큰 수출국으로 성장했다. 이 공급망에서 타이상은 하부 업체의 수평적 통합을 조율하고, 부품 제조업자와 공급자의 연결망을 관리하며, 브랜드에 대한 생산과 금융의 리스크를 책임지고, 노동 분쟁이나 파업, 토지 대여 등의 문제와 관련해서 중국의 지방 정부와 협상하는 역할을 맡았다.

이 시기 양안 반도체 산업의 연결에서 타이상은 중국의 ICT 산업 발전에 기술 전수, 자본 투자, 재능 이전 등과 같은 기여를 했는데, 2005년 추밍친(Ming-Chin Monique Chu)은 현장 조사를 통해서 다음과 같은 문제점들을 발견했다.

첫째, 타이상은 중국에 반도체 기술을 전수했다. 기술 이전은 반도체 생산 하위 분야의 IC 제조, 패키징, 테스팅과 IC 디자인 분야와 관련이 있었다. 이 분야는 분업화되어 있기 때문에 큰 문제라고 할 수는 없으나, 이 과정에서 일부 타이상은 핵심 기술을 대만의 자회사에게 넘기곤 했고, 여기에서 성장한 스타트업 기업이 중국 기업으로 변신하기도 했다.

둘째, 타이상의 중국 반도체 산업에 대한 투자는 꾸준히 성장했다. 전자 장비와 부품의 제조업 분야에 대한 타이상의 투자는 지속적으로 성장해왔는데, 반도체 분야의 제조도 계속 성장하고 있있다. 특히 2002년 이후 대만 투자의 핵심은 중국의 반도체 칩 생산이었다. 2004년 상하이에 있는 타이상이 투자한 IC 디자인 기업은 같은 해 IC 디자인 판매 예산의 6.1%를 생산하기도 했다. 2005년에는 타이상의 자본이 전체 해외 투자 중에서 가장 많은 부분을 차지했다. 전문가들은 타이상이 대만 정부의 규제를 피해 우회적인 방법으로 투자하기 때문에 대만의 중국 반도체 산업에 대한 투자 규모는 공식 집계보다 많을 것으로 보고 있다.

셋째, 타이상은 반도체 분야의 재능을 중국으로 이전했다. 2005년 약 1,200명의 대만 반도체 엔지니어와 관리자들이 중국 기반의 반도체 회사에서 일하고 있었다. 또한 2006년 중국의 상위 8개 파운드리 회사와 IC 디자인 하우스에는 모두 대만 전문가들이 참여하고 있었다. 이들은 현지 엔지니어와 기술자들을 훈련하는 데 도움을 주고 있었다.

타이상의 적극적인 활동으로 인해 중국 시장과 대만 시장의 연결은 더욱 강화되었다. 특히 기술 집약적인 ICT 산업에 대한 투자는 전자 부품, 컴퓨터·전자·광학 제품 분야 투자의 급속한 증가로 이어졌는데, 여기에 기술과 노하우의 이전이 결합되면서 타이상은 중국 ICT 산업의 발전을 이끄는 견인차 역할을 하게 되었다.

그러자 반도체 분야의 노하우와 인적 자원이 중국으로 유입되는 것을 우려한 대만 정부와 입법원은 규제를 통해 이를 제한하고자 했다. 그러나 이번에도 타이상은 대만 정부의 규제를 피하기 위해 다양한 우회적인 경로를 모색했다. 예를 들어, 대만의 IC 디자인 기업의 최고경영자는 대만 정부의 규제를 피해 불법으로 중국의 스타트업 기업에 투자했다. 이 스타트업 기업은 2011년 중국에서 두 번째로 큰 IC 디자인 파워하우스가 되었고, 2013년 12월에는 중국 공기업 칭화홀딩스의 자회사인 칭화유니에 흡수되었다.

두 번째 단계인 타이상의 확장기의 양안 협력 확대는 대만 정부의 개방 정책의 영향을 받았다. 그러나 이러한 개방 정책은 오래 지속되지 않았다. 집권 이후 중국에 대한 개방 정책을 이끌었던 천수이볜 총통은 2004년 재선에 성공한 후 정책의 방향을 바꾸었다. 2006년 그는 기존의 '적극 개방 유효 관리' 정책을 '적극 관리 유효 개방(積極管理效開放)'으로 변경했다. 이는 양안 교류를 적극적으로 관리하고 효과적으로 개방한다는 의미로, 사실상 양안 교류를 규제하겠다는 의미였다. 천수이볜의 정책적 전환 배경에는 중국 정부의 민진당에 대한 태도가 원인이 되었다. 중국은 독립 지향적인 민진당을 적대시했다. 따라서 국민당과는 대화를 했지만 민진당 정부와는 대화하지 않았다. 양안 교류와 관련된 업무는 국민당 정치인과 대화하거나 혹은 반민반관 단체인 해기회와 해협회간의 대화 채널을 사용했다. 결과적으로 천수이볜 정권은 양안 교류와 관련해서 실질적으로 활동할 수 있는 것이 없었다.
그러나 대만 정부가 정책을 전환한 중요한 원인은 중국이 여전히 대만에게 안보 위험을 지닌 국가라는 점이었다. 중국 경제가 발전히면서 중국 인민해방군의 히드웨어와 소프트웨어, 그리고 전략적 부분도 함께 발전하기 시작했다. 더욱이 개혁 개방 이후 중국은 다양한 해외 소스로부터 무기 생산과 관련된 지식을 습득했고, 서구의 관리 기술을 습득하면서 자체적인 방위산업의 근대화도 이루어가고 있었다. 특히 1990년대 후반부터는 경제 성장을 바탕으로 해서 국방비는 매년 두 자릿수의 성장을 하기 시작했다. 반면 대만은 정치적인 이유로 국방비 지출이 침체되고 있었다. 특히 미국으로부터 무기 수입을 반대하는 목소리도 있었다.

대만 정부는 국가 안보와 직결될 수 있는 분야에서 타이상의 활동을 규제했다. 그러나 여기에는 근본적인 한계가 있었다. 타이상은 중국에서의 사업을 통해 창출하는 이익을 포기할 수 없었다. 대만 정부가 기술 전수를 규제하자 타이상은 단순한 기술 지원과 관세 서비스만 제공하는 것처럼 꾸며 규제를 피했다. 이러한 방식으로 TSMC는 중국의 IC 파운드리 스타트 업을 발전시켰고, 허지안은 쑤저우에 본사를 둔 회사를 영국령 버진 아일랜드에 등록해서 외국계 회사인 것처럼 꾸몄다. 심지어 중국이 WTO에 가입한 이후 타이상은 대만 정부로 하여금 미국을 설득해서 중국이 WTO의 규정을 위반하더라도 중국에게 최혜국 대우를 유지하도록 했다. 당시 미국에 수출하는 중국 상품 중 대부분이 대만이 투자한 중국 기업들이 생산한 것이었기 때문이다. 반도체 산업이 막대한 수익을 내는 만큼, 중국 반도체 산업에 대한 대만의 투자 규모는 사실상 공식 집계보다 많을 것으로 추정되었다.

타이상의 조정기

(2008-2014)

　　중국의 경제 성장률은 2007년의 14.2%를 최고점으로 기록한 이후, 2008년부터는 7-8%의 성장률로 하락하며 과거와 같은 성장률을 회복하지 못하고 있다. 이러한 침체는 2008년에 발생한 세계적 경제 위기를 하나의 원인으로 보기도 하지만, 다른 한편으로는 그동안 중국의 경제적 고도 성장이 안정기에 진입했기 때문이기도 하다. 시진핑 주석은 2014년 중국 경제가 개혁 개방 이후 30년간의 고도 성장기를 마감하고, 안정적인 성장기인 '신창타이(新常態)'에 접어들었다고 선언했다. 신창타이는 성장의 둔화를 인정하면서도 공장과 자본 유도의 성장에서 지식과 혁신이 이끄는 성장으로의 전환을 의미하는 것이기도 했다.

　　경세 성장 과정에서 중국의 산업 구조는 업그레이드되고 나변화되었다. 국내의 수요, 소비, 그리고 도시화는 이미 충분히 수출 주도 산업과 균형을 이룰 수 있게 되었다. 또한 기술 발전으로 성장한 새로운 인터넷 경제는 정보 통신, 전자 상거래, 물류, 제3자 결제, 관련 소프트웨어 산업 등 새로운 서비스 분야를 강화하기 위한 플랫폼을 형성해가고 있었다. 이 과정에서 타이상의 도움으로 성장한 기업들이 점차 타이상 기업을 대체하기 시작했고, 자본과 기술 집약적 산업에서 주도권을 잡기 시작했다.

한편, 중국 내 자본주의 시장 경제의 확산은 중국 노동자들의 의식 변화를 수반했다. 노동자의 임금이 빠르게 상승하는 가운데, 노동자들은 과도한 노동 시간, 비인간적인 처우, 근로 시간 외의 업무 등 열악한 노동 조건에 문제를 제기하기 시작했다. 과거에는 당연한 것으로 여겨졌던 과도한 노동과 저임금이 중국 노동자들에게도 이제는 개선되어야 할 사항으로 인식되었다.

중국 정부는 산업 구조의 변화와 중국 인민의 의식 변화를 반영해서 새로운 정책을 제시했다. 여기에는 중국 노동자의 노동 조건 개선, 기존 해안 지역에서 내륙으로의 생산 기지 확대, 중국으로 유입되는 해외 직접 투자의 규모와 대상 확대, 타이상 기업을 포함한 해외 기업에 대한 최혜국 대우 폐지가 포함되었다. 이러한 정책은 직접적으로 타이상을 겨냥한 것은 아니었지만, 타이상의 역할과 입지에 중대한 영향을 미쳤다.

첫째, 2008년 1월 중국은 새로운 〈노동 계약법(勞動合同法)〉을 도입했다. 새로운 노동 계약법에 따르면 노동자의 주 계약 갱신 횟수를 2회로 제한하고, 총 근무 기간이 10년을 넘을 경우 정규직으로 채용하도록 했다. 또한 중국 노동자들은 불합리한 근무 조건에 대한 개선을 요구했는데, 이는 주로 타이상 제조업이 집중된 동남부 지역의 공장에서 제기되었다. 열악한 노동 환경에 불만을 가진 중국 노동자들은 자해, 시위, 파업을 감행했다. 2010년 폭스콘 노동자의 연쇄 자살*과 2014년 위위안 공장의 대대적인 파업이 대표적인 사례다. 폭스콘에서는 2010년 18명의 노동자들이 열악한 근무 환경에 스트레스를 받아 자살했고, 위위안 공장에서는 약 4만 명의 노동자들이 법이 보장하는 연금과 주거 혜택을 제공해줄 것을 요구하면서 11일간 파업을 진행했다.

*폭스콘 노동자 연쇄 자살 사건

2010년 중국 폭스콘 공장에서는 노동자 18명이 자살을 시도했으며, 그중 14명이 사망하고 4명이 중상을 입었다. 이들은 모두 17세에서 25세 사이의 젊은 농촌 출신 농민공들이었다. 폭스콘은 해외 브랜드 전자 회사의 주문을 받아 완제품이나 부품을 생산하는데, 폭스콘의 고객으로는 애플, 구글, 아마존, IBM, 인텔, LG, 마이크로소프트, 삼성, 소니, 화웨이, 샤오미 등이 있으며, 이 중에서 가장 큰 고객은 애플이다.
폭스콘은 애플이 요구하는 낮은 생산 단가, 높은 품질, 신속한 납품에 부응해야 하는 입장에 있다. 따라서 이는 고용된 노동자들에게 저임금, 초과근무, 빠른 작업 속도, 엄격한 규율로 이어졌다. 생산 일정이 촉박할 때는 공장이 24시간 가동되며, 휴일은 한 달에 하루나 이틀뿐이고, 시간 외 수당을 모두 합한 월급은 1,400인민폐(약 26만 원)였다.

폭스콘에는 식당, 극장, 병원, 수영장까지 갖추어져 있었지만 노동자들은 이를 사용할 여유가 없었던 것으로 보인다. 작업 시에는 휴대폰을 제출하고 CCTV의 감시를 받으며, 대화나 웃음도 금지되었다. 노동자들은 하루 12시간, 주당 100시간이 넘는 중노동에 시달렸다.

노동자 연쇄 자살 사건이 발생했을 때 폭스콘의 대처 방식도 문제가 되었다. 폭스콘은 임금 인상이나 권리 보호 방안을 제공하는 대신, 기숙사 창문에 쇠창살을 달았으며, 건물 사이에는 자살 방지를 위한 그물을 설치했다. 또한 악령을 물리치기 위해 승려를 데려오고, 취업 응시자에게 심리 테스트를 이수하게 했으며, 회사의 면책 조항이 포함된 '자살 금지 서약서'에 서명하도록 했다.

둘째, 경제 성장과 함께 중국에서는 자본이 축적되고 내수 시장이 견고해지기 시작했다. 그러나 성장은 동남부 해안 지방에 집중되어 있었고, 성장의 결과도 이 지역을 넘어 공유되지 않았다. 이러한 문제를 해결하기 위해 중국 정부는 내륙으로 투자를 확대하기 시작했다. 그러나 이러한 결정은 타이상의 활동에 의도하지 않은 결과를 가져왔다. 무엇보다도 타이상의 주요 활동 거점이 동남부 해안 지방에 집중되어 있었기 때문이었다. 따라서 이러한 중국의 정책적 변화는 타이상의 중국 내 사업에 중대한 영향을 미쳤다.

더욱이 이는 중국 정부의 매우 정교한 계획 속에서 진행되었다. 타이상을 내륙으로 이전하는 것은 중국의 통일 전략과도 부합하는 것이었다. 그러나 모든 산업이 다 해당되는 것은 아니었다. 전

대만은 중국의 경제를 어떻게 발전시켰나

략적으로 필요하거나 수자원이 필요한 산업은 여전히 동남부 해안 지역에 머무를 수 있었다. 중앙 정책이 변화함에 따라 동남부 지역에 위치한 지방 정부는 수익이 적은 저기술 노동 집약적 산업을 주장삼각주에서 내보내고 대신 자본 집약적 산업을 유치한다는 계획을 발표했다. 이는 다수의 중소기업 타이상 기업들이 해안 지방에서 내륙으로 이전해야 한다는 것을 의미했다. 이와 같은 계획은 저장성과 상하이시에도 적용되었고, 이 지역에서 활동하던 중소기업 타이상은 안후이성으로 이전을 검토해야 했다. 내륙으로 이전하게 되면 대만과의 거리가 멀어지므로 타이상들은 많은 고민을 해야 했다.

셋째, 2013년 제18차 중국 공산당 당대회에서 중국은 금융, 항공, 의료 보험, 정보 통신과 같은 핵심 분야에 사적 투자의 제한을 철폐하는 새로운 구조 개혁을 제시했다. 이는 매우 획기적인 개혁안이었다. 그러자 차이나 모바일이나 공상은행과 같이 국유 독점 기업에도 사적 투자와 해외 투자가 가능해졌다. 2013년 10월에 설립된 '상하이 자유 무역 시험구'*도 이러한 정책의 일환이었다. 상하이 자유 무역 시험구가 가동되면서 금융 분야의 자유화와 세계화가 진전되기 시작했다. 2014년에는 100% 해외 지분의 병원 설립이 허용되었고, 결제 분야에 해외 기업의 참여가 허용되었다. 또한 이어서 톈진시, 푸젠성, 광둥성에도 자유 무역 지구 설립이 허용되었다.

2015년 중국 정부는 증권법을 개정했다. 외국 기입들이 중국 자산 시장에 등록하는 과정을 간소화했다. 이러한 조치들로 인해 해외 자본의 중국 투자 폭이 더욱 넓어졌다. 이는 타이상에게 새로운 도전이었다. 물론 이 시기에 타이상의 투자도 증가했지만 다른 해외 투자의 규모가 더 증가하면서 상대적으로 중국 시장에서 타이상의 지분이 감소하기 시작했다. 그러자 타이상 자본의 영향력이 과거에 비해 매우 축소되었다.

---

*상하이 자유 무역 시험구

2013년 10월 1일, 중국 정부는 금융업 등 서비스 산업을 개방해서 경제 개혁을 더욱 가속화할 것이라고 발표했다. 인민폐의 국제화와 금융 경쟁력을 강화하기 위한 시도로 추진된 이 계획은 정부의 행정 체제 개편을 위한 실험을 진행했다. 이를 위해서 금리 자유화, 외국인 투자 규제 완화, 무역 절차 간소화, 인민폐의 자유 환전, 외국 자본의 은행과 병원 설립을 허용했다. 상하이 자유 무역 시험구는 와이가오차오 보세구, 와이가오차오 보세 물류원구, 양산 보세 항구, 푸둥 공항 종합 보세구의 4개 지역으로서 총 면적은 28.78㎢에 달한다.

넷째, 2014년 중국 정부는 제62조를 발표해서 그동안 해외 기업에게 제공했던 우호적인 정책을 불법으로 규정하고, 각 부처나 지방 정부로 하여금 이를 모두 폐지하도록 지시했다. 여기에는 해외 투자자와 타이상에 제공했던 최혜국 대우를 폐지하는 내용이

포함되어 있었다. 특히 그동안 타이상은 다른 해외 투자자보다 세제 면에서 더 많은 혜택을 받고 있었기 때문에 정책 변화로 인한 타격이 더 클 수밖에 없었다. 이러한 변화는 결과적으로 중국 내 타이상의 활동을 위축시키는 결과를 가져왔다. 특히 저기술 노동 집약적 산업을 이끄는 동남부 지역의 중소기업 타이상에게는 더 큰 타격이었다.

다섯째, 경제 성장과 함께 중국인들의 시민 의식의 성장도 타이상의 경제 활동에 새로운 문제를 가져왔다. 민주화 이후 성장한 대만의 환경 운동이 많은 타이상들을 대만에서 중국으로 이주시킨 원인 중 하나였다면, 이제 타이상은 중국에서도 동일한 이유를 경험하게 되었다. 중국에서는 중국 정부의 엄격한 관리로 인해 시민 운동이 발전하기 어렵거나 중국 당국의 강한 통제를 받지만, 환경 운동의 경우는 예외였다. 2000년대 초반부터 시작된 환경 운동 단체들의 활동은 많은 사례가 성공으로 이어지면서 더욱 활발하게 활동하게 되었다. 제조업 공장에서 방류하는 오염물질에 대한 항의도 증가했으며, 이들은 점차 더욱 조직적으로 활동하게 되었다. 즉, 타이상은 이제 중국에서의 환경 운동*을 경험하게 된 것이다. 생산 활동으로 발생하는 환경 오염에 대해 중국인들의 항의가 증가하면서 생산의 효율성에 영향을 미치기 시작했다.

*중국의 환경 운동

중국의 시민 운동은 국가의 규제에서 벗어나기 어렵지만 꾸준히 성장해오고 있다. 그중에서 환경 운동은 비교적 순수한 NGO들이 중심이 되어 활동하면서 나름대로 사회적 영향력을 확보해오고 있다. 환경 운동은 다른 시민 운동보다 중요한 의미를 지니는데, 그 이유는 이러한 운동이 국가의 경제 발전 전략과 갈등적인 특징을 지니고 있기 때문이다.

대표적인 환경 운동으로는 두장옌 보호 운동과 누장 보호 운동이 있다. 두장옌 보호 운동은 쓰촨성 청두에 위치한 세계 문화 유산인 두장옌 댐을 보호하기 위한 운동이었다. 2003년 4월 두장옌 관리국이 효과적인 관리를 위해 주변에 새로운 제방을 건설할 것을 추진했다. 그러나 환경 보호 단체는 유네스코 베이징 사무소에 알려 이를 무산시켰다. 누장 보호 운동은 윈난성에 있는 강으로, 2003년 유네스코 세계 자연 유산으로 등재되었다. 2003년 8월 중국 국가 발전 및 개혁 위원회는 윈난성 누장 주 정부가 제출한 누장 중하류 수력 발전 계획 보고를 통과시켰다. 이는 이 지역에 수력 발전소를 세워 관개, 관광, 홍수 방지 등의 문제를 해결하고자 하는 계획이다. 그러나 중국의 환경 전문가와 민간 단체가 반발하고 나섰다. 결국 2004년 4월 원자바오 총리가 환경 단체의 주장에 힘을 실어주면서 계획은 무산되었다.

한편 이 시기 대만 정부는 양안 경제 교류에 있어서 우호적인 조치들을 단행했다. 2008년 총통 선거에서 비교적 친중적인 국민당의 마잉주가 당선되었다. 2008년 선거에서 마잉주가 당선될 수 있었던 요인에는 2000년 이후 침체된 대만의 경제적 상황이 중요한 원인이 되었다. 대만은 동아시아의 경제 기적을 이룬 모범적인 사례로 여겨졌으나, 경제 성장률은 빠르게 감소하고 있었고 실업률도 상승하고 있었다. 경제가 어려워진 원인으로는 다음의 세 가지를 들 수 있다.

첫째, 중국과의 경제 교류가 공식화되고, 타이상이 이끄는 많은 제조업이 대만에서 중국으로 이동했다. 그 결과 교류 초기에 대만 정부가 우려했던 산업 공동화 현상이 제조업 분야에서 현실화되었다. 낮은 임금과 저렴한 공장 부지를 찾고 있던 타이상은 중국이 아니더라도 다른 국가로 제조업을 이동했을 것이다. 그러자 대만의 경제 성장의 견인차 역할을 해왔던 산업 분야가 제조업에서 서비스업으로 이동하게 되었고, 산업 부문에서 점차 서비스업의 비중이 늘어나기 시작했다. 그러나 일반적으로 서비스업의 성장 속도는 제조업보다 느리다. 따라서 대만의 경제 성장률은 낮아질 수밖에 없었다.

둘째, 대만은 2002년 1월에 WTO에 가입했는데, WTO에 가입한다는 것은 세계 경제의 영향력이 높아지면서 동시에 대만 경제의 취약성 또한 높아진다는 것을 의미했다. 2000년대 중반 이후 세계 경제가 침체됨에 따라 대만 경제도 영향을 받게 되었다. 1997년 동남아시아를 시작으로 한 세계 경제 위기는 대만에게 유의미한 영향을 미치지 않았다. 대만은 충분한 외환 보유고로 인해 다른 국가들이 국가적 부도 사태를 맞았을 때에도 강한 경제력을 보여주었다. 그러나 WTO에 가입한 이후의 상황은 달랐다. 2008

년 발생한 세계적인 경제 위기는 대만의 경제에도 영향을 미쳤다.

셋째, 제4원전을 둘러싼 정권 간의 상이한 입장이 국가 경제에 영향을 미쳤다. 국민당 정부는 1999년 3월 제4원전의 건설을 착수했다. 그러나 2000년 집권한 민진당 천수이볜 정부는 2000년에 갑자기 제4원전 건설의 중단을 발표했다. 결국 입법원이 이를 강행하도록 했으나, 천수이볜 정부는 임기가 끝날 때까지 다양한 이유를 근거로 해서 건설을 완료하지 않았다. 그러자 대만의 기업인들이나 해외 투자자의 입장에서는 제4원전 건설과 관련해서 다음의 두 가지 우려 사항을 갖게 되었다. 첫째, 정당 간의 극명하게 대립되는 입장의 차이로 인해 향후 어떠한 정권이 집권하느냐에 따라 원전 정책이 완전히 방향을 달리하게 될 것이라는 점이다. 이는 투자를 하는 데 있어서 예측 가능성을 낮추게 된다. 국민당은 원전의 도입에 찬성하는 입장이지만, 민진당은 반대하는 입장이다. 그러다 보니 어느 정당이 집권하느냐에 따라 정책이 바뀌게 되고, 정책이 바뀌게 되면 이제껏 투자해온 노력이 한순간에 무너지는 일이 반복되었다. 둘째, 원전이 작동하지 않는다면 기업 운영과정에서 전력 공급을 걱정해야 하는 상황이 올 수도 있다. 기술 집약적, 자본 집약적 제조업의 경우 많은 전력을 필요로 한다. 기업가의 입장에서는 전력을 저렴하고도 안정적으로 공급할 수 있는 공업 부지를 찾아야 했다.

천수이볜 집권 2기에 대만의 경제 성장률은 점점 추락하고 있었고, 실업률은 상승하고 있었다. 이러한 가운데 국민당의 마잉주 후

보는 대선에서 중국과의 경제 교류 확대를 통해 대만 경제를 회생시키겠다는 것을 선거 공약으로 내걸었다. 이는 대만의 중국 정부에 대한 실용적인 접근의 확대와 침체되어 있는 양안 경제 교류를 확산시키고자 하는 의도가 있었다.

2008년 총통 선거에서 대만의 유권자들은 마잉주를 선택했다. 총통에 당선된 마잉주는 다음과 같은 대중 개방 정책을 실시했다.

첫째, 그동안 일부 지역에만 허용했던 '소삼통'을 대만 전역으로 확대하는 '대삼통'으로 대체했다. 그러자 타이상은 물론이고 일반 대만인들도 더욱 쉽게 중국에 갈 수 있게 되었으며, 중국과의 교류는 더욱 활발해졌다.

둘째, 그동안 대만의 대중국 투자에 비해 중국의 대만에 대한 투자의 속도는 매우 느린 편이었다. 특히 중국 자본의 대만 투자는 금지되어 있었다. 2009년 마잉주는 중국 자본의 대만 투자를 허용했다.

셋째, 2010년 중국과의 양안 간 자유무역 협정인 양안 경제 협력 기본 협의(Economic Cooperation Framework Agreement, 이하 ECFA)를 체결했다. ECFA는 상품 무역과 서비스 무역에 관한 협의로서 투자를 보장하는 기제를 만들고, 상호 간 경제 협력을 촉진하는 것을 핵심 내용으로 한다. 여기에 조기 수확(Early Harvest) 방식을 적용해서 상호 긴급하다고 판단되는 상품과 서비스 분야에 우선적으로 관세를 철폐하고 시장을 개방했다. 상품 분야의 관세 철폐와 개방은 주로 석유 화학, 기계, 의약, 식품, 자동차 부품이 그 대상이었다.

타이상은 이 과정에서 대만 정부가 중국과 ECFA를 체결하도록 다방면으로 로비를 해왔다. 앞서 2009년 대만 상공인 단체는 정부에 ECFA의 전신인 포괄적 경제 협력 협정(Comprehensive Economic Cooperation Agreement, 이하 CECA)을 체결하도록 종용한 바 있었다. 당시 중국은 동남아 국가들과의 자유무역 협정인 중국-아세안 자유 무역 협징(China-ASEAN Free Trade Agreement, 이하 CAFTA)을 체결해 2010년 발효를 앞두고 있었다. 타이상은 대만이 배제된 CAFTA가 발효되면 중국이 중심이 되는 지역 경제에서 타이상의 활동이 주변화될 것을 우려했다. 2010년 양안 간 체결한 ECFA는 CECA의 발전된 형태로서, 이로 인해 타이상은 중국에서 다양한 사업의 기회를 얻게 되었다.

티이상 조정기에는 대만 정부의 우호적인 태도와 지원에도 불구하고, 중국의 정책적 변화는 타이상의 활동에 타격을 주어 결국 타이상이 중국에서의 활동에 조정기를 맞게 되었다. 2008년 발생한 금융위기는 타이상의 경제적 환경을 더욱 어렵게 했다. 금융위기로 인해 중국의 동남부 지역에 큰 영향을 미쳐, 2008년과 2009년 상반기 동안 약 67만 개의 노동 집약적 기업이 문을 닫았고, 2,500만 명의 노동자들이 일자리를 잃었다. 여기에는 중국에 진출한 타이상 기업이 다수 포함되어 있었다.

그러나 무엇보다도 중요한 변화는 경제 성장으로 인해 자신감을 얻은 중국이 더 이상 타이상에게 우호적이지 않다는 점이었다.

중국은 시간이 경과하며 타이상의 투자를 중국의 목적에 맞게 유도하기 시작했다. 타이상을 상하이 증권시장에 투자하도록 유도했고, 사업상 업무 관계에서는 반드시 중국 인민폐를 사용하도록 했다. 중국의 의도는 타이상이 중국에 계속 머물며 경제 활동을 통해 이익을 얻도록 하는 것이었지만, 중국에 법인을 등록할 경우 다른 국가에 등록하는 것을 막았다. 즉 타이상은 중국 혹은 대만 중에서 하나의 사업지를 선택해야 하는 상황에 직면했다.

타이상의 양극화기

(2015-)

앞서 조정기(2008-2014) 동안 중국 내 사업 환경은 타이상에게 상당히 불리해졌다. 그러나 반도체 분야와 관련된 첨단 산업은 예외였다. 대만의 반도체 기업은 여전히 중국 정부의 지원을 받았으며, 중국은 타이상 반도체 기업에게 공장 증설을 요구하기까지 했다. 즉 타이상 기업은 양극화기를 맞게 되었다. 중국에서 활동하는 대만의 반도체 기업은 TSMC와 같은 대기업부터 시작해서 중소 반도체 기업까지 다양했다. 이들은 다른 분야 제조업과 달리 중국 정부와 지방 정부로부터 여전한 혜택과 지원을 받았다. 그러나 이러한 혜택과 지원에는 반도체 강국으로 굴기하고자 하는 중국의 전략적 의도가 있었으며, 이에 대해 미국이 개입해서 중국을 견제하기 시작하면서 양극화기의 양안 경제 교류에 미국이 새로운 행위자로 등장하기 시작했다.

중국에서는 그동안 ICT 산업의 성장, 글로벌 공급망의 참여를 통해 반도체 산업이 급성장했다. 그러나 해외의 자본과 기술로 성장해왔기 때문에 핵심 기술이 여전히 부족했다. 중국은 반도체 산업의 핵심 첨단 부품을 여전히 해외 시장에 의존하고 있었다. 이를 극복하기 위해 중국 정부는 2014년 약 1,200억 인민폐 상당의 펀드를 조성해서 반도체 분야에 투자하기 시작했다. 중국의 대표적 반도체 기업인 SMIC(Semiconductor Manufacturing International Corporation)는 이 펀드로부터 약 127억 인민폐를 지원받았다. 이어서 2015년 중국 정부는 제조업 활성화를 목표로 하는 산업 고도화 전략으로 〈중국제조 2025〉를 선포했다. 〈중국제조 2025〉의 선포는 제조업 활성화를 목표로 내세우고 있으나, 반도체 산업의 핵심 기술 확보가 핵심이었다.

중국을 제조업 강국으로 만들기 위한 〈중국제조 2025〉는 중국의 10년 단위 총 30년간의 국가 전략을 담고 있다. 첫 10년(2015-2025년) 동안은 세계 제조업 강국으로 진입하고, 두 번째 10년(2025-2035년) 동안은 세계 제조업 강국 중위권으로 진입하며, 마지막 세 번째 10년(2035-2045년) 동안은 세계 제조업 선두 국가로 진입하는 것이 목표다. 이를 위해 10대 전략 산업, 9대 전략 임무, 5대 중요 공정, 8개 분야의 지원 방안을 제시했다.

10대 전략 산업은 (1) 차세대 정보기술 산업, (2) 고급 디지털 선반 및 로봇, (3) 항공우주 장비, (4) 해양플랜드 장비 및 하이테크 선박, (5) 선진 궤도 교통 장비, (6) 에너지 절약 및 신에너지 자동차, (7) 전력 장비, (8) 농기계 장비, (9) 신재료, (10) 바이오 및 고성능 의료기기다.

9대 전략 임무는 (1) 국가 제조업 혁신 능력 제고, (2) 정보화와 공업화의 융합, (3) 공업 기초 능력 강화, (4) 품질 브랜드 구축 강화, (5) 녹색 제조 전면 추진, (6) 중점 영역 강력 발전 촉진, (7) 제조업 구조 조정의 심화, (8) 서비스형 제조업 및 생산성 제조업 발전, (9) 제조업 국제화 발전 수준 제고다.

이를 위한 5대 중요 공정은 (1) 국가 제조업 혁신 기지 건설, (2) 고급 장비 혁신, (3) 공업 기초 강화, (4) 녹색 제조, (5) 스마트 제조다. 특히 핵심 기술의 돌파구를 마련해서 중국 제조업의 국제 경쟁력을 높이는 것이다.

8개 분야 지원 방안은 (1) 체제 개혁의 심화, (2) 공정 경쟁 환경 조성, (3) 금융 지원 정책 개선, (4) 재정, 세무 정책 지원 강화, (5) 다층적 인재 육성 체계 구축, (6) 중소기업 정책 개선, (7) 제조업 대외 개방 확대, (8) 시행 메커니즘 조직 및 시행이다.

중국은 제조업 강국으로 성장했으나 핵심 기술이 부족하고 질적인 면에서 취약했다. 따라서 이를 극복하기 위해서는 핵심 기술을 확보하고, 구조 조정을 통해 새로운 단계로 나아가야 했다. 〈중국제조 2025〉는 정보화와 공업화를 융합해서 산업 구조 개선을 위한 국가적 전략으로 제시되었다.

중국은 〈중국제조 2025〉 프로그램을 통해 기술적 측면에서 뒤

처져 있는 반도체 산업을 업그레이드해서 핵심 부품의 해외 의존도를 극복하고자 했다. 이는 중국 내 반도체 산업의 발전을 위한 것이었지만, 미국은 이를 다른 시각에서 받아들였다. 즉, 이는 미국에 대한 중대한 도전과 위협으로 간주되었다. 〈중국제조 2025〉의 전략 산업은 차세대 정보기술 산업, 항공우주 장비, 하이테크 선박 등 군사력과 직접적으로 관련된 산업이면서 또 다른 한편으로는 ICT 분야의 홍색 공급망(紅色供應鏈)*을 완성하고자 하는 전략이었다.

---

*홍색 공급망(red value chain)

　홍색 공급망은 2013년 10월 대만의 경제지 『천하(天下)』에서 처음 제기한 용어로, 중국을 상징하는 '홍색'과 공급 사슬을 의미하는 '공급망'을 합친 용어다. 홍색 공급망은 부품 조달부터 완제품 생산까지의 중국 내 공급망을 의미한다. 과거 중국 경제는 중간재를 수입해 가공, 조립한 뒤 판매하는 구조였으나, 최근에는 국산 중간재로 대체하며 중국 내 공급 기반을 확장해왔다. 홍색 공급망의 확산으로 인해 중국의 중간재 수입 비중은 지속적으로 감소하고 있다.

　중국 기업의 글로벌 가치 사슬 확장, 즉 홍색 공급망은 주로 ICT 산업을 중심으로 발전해왔다. 이로 인해 중국은 ICT 산업의 글로벌 밸류 체인에서 참여국에서 주도국으로의 전환을 추구했다. 미국의 대중 제재가 시작되기 전에도 전 세계 많은 기업들이 홍색 공급망의 기회를 놓치지 않으려 했다. TSMC가 난징에 첨단 반도체 조립 공장을 설립하려 한 것도 홍색 공급망에 합류하기 위한 목적이었다.

중국이 〈중국제조 2025〉를 발표하자 미국 국무부의 정책 전문 가들은 미국 행정부에게 중국에 대한 포용 정책(engagement policy) 을 포기해야 한다고 종용했다. 이에 따라 트럼프 행정부는 2017 년 말 『미국 국가안보전략』 보고서에서 〈중국제조 2025〉를 미국 의 국익에 대한 도전으로 규정하고, 반도체 분야를 중심으로 한 미 중 무역 전쟁을 선포했다. 상식적인 시각에서 중국이 〈중국제조 2025〉를 준비하며 제시한 정부 보조금의 규모와 성격은 단순한 정부 지원으로 보기 어려웠다. 보조금의 규모가 비정상적으로 크 고, 그 내역과 운용이 불투명했다. 또한 반도체 분야는 상업적 용 도로 사용되더라도 군사적 용도로 쉽게 전환될 수 있는데, 이는 자 금이 군사적 용도로 투자될 수 있다는 것을 의미한다. 이와 관련해 미 무역대표부는 2018년 관련 내용의 보고서를 발행했다.

미중 무역 전쟁은 중국 반도체 기업에 대한 규제에서 시작되었 다. 미국은 중국이 대만의 TSMC, Intel, SK 하이닉스, 삼성 등 해 외 반도체 기업을 현지 기업과 합작하도록 유도해서 이들 기업의 지적 재산권을 침해하고, 국가 지원 아래 산업 스파이 행위를 하고 있다고 지적했다. 이를 근거로 미국 정부는 2018년 중국산 반도체 수입 품목에 대해 25%의 관세를 부과하고, 화웨이에 대한 규제*를 단행했다. 화웨이는 스마트폰 공급과 5G 네트워크 구축을 위한 통신 인프라 장비를 제공하는 중국의 민간 기업이다. 2019년 미국 법무부는 화웨이를 미국 기술 도용, 자금 세탁, 이란 대량살상무기 관련 제재 회피 지원 혐의로 기소했다. 또한 미국 기업이 화웨이와

대만은 중국의 경제를 어떻게 발전시켰나

거래하려면 정부의 승인을 받도록 하고, 정부 부처 및 관련 기관의 화웨이 장비 사용을 금지했다.

이와 함께 미국은 중국 반도체 산업 규제에 동맹국의 동참을 요구했다. 폼페이오 국무장관은 국무부 홈페이지를 통해 동맹국들에게 "신뢰할 수 없는" 화웨이와 협력하지 말 것을 호소했다. 화웨이의 안보 위협을 인정한 북대서양 조약 기구(NATO), 유럽연합, 일본, 한국 등 32개국이 이에 동참했다. 동맹국 협력에는 타이상 반도체 기업도 포함되었다. 화웨이는 반도체의 최대 90%를 TSMC에 의존하고 있었는데, TSMC는 미국의 제재에 동참해서 화웨이에 대한 반도체 공급을 중단했다.

---

*미중 무역전쟁과 화웨이

2018년 8월, 미국 트럼프 대통령은 2019년도 회계연도 〈국방수권법(National Defense Authorization Act)〉에 서명했는데, 이 중에서 화웨이에 관한 지침이 포함되어 있다. 새로운 법에 의해 미국 정부의 각 부처는 화웨이 장비나 제품을 사용할 수 없게 되었다. 1987년 설립된 화웨이는 비상장 기업으로서 전 세계 35개 기업에 반도체 통신장비를 납품하고 있었다. 미국에서 화웨이는 ICT 인프라와 스마트 단말기의 제공 업체로서 통신사업자, 정부 부처, 그리고 개인 소비자를 주 대상으로 사업을 해왔다.

정부의 규제에 의해 미국 기업은 더 이상 화웨이 장비나 서비스를 사용할 수 없게 되었다. 이미 가동하고 있는 화웨이 장비는 철거하거나 교체하도록 권고했고, 철거와 교체 비용을 정부가 보조했다. 미국은 국내에 설치된 화웨이의 통신장비가 미군 전략사령부의 핵무기와 관련된 통신을 포착하고 교란할 수 있다고 판단했다. 미국은 국내 기업이 화웨이와 거래를 원할 경우 정부의 승인을 받아야 한다고 규정했으며, 동맹국에게도 화웨이 장비를 사용하는 것을 중단하도록 요구했다. 더 나아가 5G 산업에서 탈중국화를 추진했다.이와 같은 수요 통제 외에도 공급 측면에서도 미국의 화웨이 제재가 가해졌나. 반도체 산업의 특성상 화웨이는 상위 기술력을 보유한 기업의 통제를 받을 수밖에 없다. 미국은 하드웨어 부문에서 인텔, 퀄컴 등의 업체가 화웨이에 반도체를 공급하지 못하도록 했으며, 소프트웨어 부문에서는 구글, 페이스북, 왓츠앱 등을 화웨이에 탑재하지 못하도록 했다.

2020년 5월, 미국 상무부는 수출 조항을 강화해서 화웨이에 대한 제재를 격상시켰다. 소프트웨어 분야에서 미국 기업의 제품뿐만 아니라 미국의 기술이 적용된 제품도 사용하지 못하도록 하는 것이었다. 또한 해외 반도체 제조공장도 화웨이에게 반도체 파운드리를 공급하지 못하도록 했다. 여기에는 TSMC도 포함된다. 동년 9월, 미국은 통신 장비와 단말기를 생산하는 화웨이를 국가안보를 위협하는 블랙리스트 명단에 올렸다.

중국의 반도체 굴기에 대한 미국의 견제는 2021년 출범한 바이든(Biden) 행정부에서도 지속되었다. 바이든은 2022년 3월 미국, 일본, 대만, 한국으로 구성되는 반도체 동맹인 '칩4(Fab4)'를 제안했다. 이는 미국이 주도하는 프렌드 쇼어링(Friend-shoring) 전략으로 홍색 공급망의 형성에 대항하기 위해 중국을 제외하고 동맹국 간에 안정적인 반도체 공급망을 구성하는 것이다. 미국에는 반도체 설계 전문업체(팹리스)인 인텔, 퀄컴, 엔비디아가 있으며, 일본은 반도체 소재 분야에 전문성을 가지고 있고, 대만과 한국은 팹리스가 설계한 반도체를 생산 공급하는 파운드리 업체인 TSMC와 삼성을 가지고 있다.

또한 2022년 5월 미국을 포함해서 인도 태평양 지역의 13개국이 참여하는 인도-태평양 경제 프레임워크(Indo-Pacific Economic Framework, 이하 IPEF)를 발표했다. IPEF는 무역, 공급망, 청정 에너지·탈탄소화·인프라, 조세와 반부패 분야의 글로벌 협력망을 구성하는 것이다. 미국은 여기에 디지털 경제의 표준 조항을 설정해서 중국이 군사적으로 활용할 수 있는 첨단 기술 분야를 통제하도록 했다. 미국은 중국의 반발을 우려해 대만을 IPEF에 포함시키지 않았다. 그러나 대만과 별도의 경제 협의체를 구성해서 실질적으로는 대만도 참여시켰다.

대만 정부는 미국의 대중 반도체 제제에 협력적이었다. 여기에는 2009년 중국 자본의 대만 투자가 허용된 이래 발생한 문제들도 원인이 되었다. 자본 자유화를 통해 대만에 유입된 중국 자본은 정치적인 목적의 투자를 감행했다. 중국 자본은 대만 미디어 회사의 지분을 매입하고, 대만의 은행과 반도체 기업의 투자를 시도했다. 또한, 2014년 ECFA의 협정 과정 중 하나인 서비스 무역 협정안이 사회에 미칠 수 있는 영향을 충분히 검토하지 않고 입법원이 통과시기지 청년을 중심으로 강한 반발이 있었다. 2012년 중국 자본의 대만 미디어 산업 침투에 반대하는 '미디어 독점 반대 운동'이 발생했고, 2014년에는 양안 서비스 무역 협정 체결에 반대해서 입법원을 점령한 '해바라기 운동'이 발생했다.

일련의 사태로 인해 심화된 대만의 반중 정서는 2016년 총통 선거에서 민진당 차이잉원의 승리를 이끈 주 원인이 되었다. 반중 정서가 확산되는 가운데 2016년 총통 선거에서 당선된 차이잉원 총통은 명확한 반중 노선을 택했다. 차이잉원은 ECFA를 무력화하고, '신남향 정책'을 제시해서 동남아시아, 인도, 태평양 지역으로 타이상 투자를 유도했다.

TSMC의 중국 진출은 다른 타이상 기업에 비해 비교적 늦게 시작되었다. 주로 대만에서 생산을 해오던 TSMC는 2015년이 되어서야 상하이시에 10개의 공장을 세웠고, 2016년에는 난징에 최초로 12인치 대형 웨이퍼 공장을 착공할 것이라고 발표했다. 이는 경제적 수익과 생산의 효율성을 위해 홍색 공급망을 활용하기 위한 것이었다. 한편 공장 건설 이외에도 중국에 진출한 TSMC는 다양한 방식으로 중국 반도체 기업에 긴밀한 지원을 해오고 있었다. 그중에서도 SMIC의 주요 창립자 중 한 사람은 대만인인 장루징(張汝京)이다. 장루징은 자신이 경영하던 대만 반도체 기업을 TSMC에 매각하고 중국으로 건너가 SMIC에 합류했다. 이후 TSMC의 많은 인력이 그와 함께 SMIC에 참여해왔다. 중국은 2021년 SMIC에 자금을 투입해서 TSMC의 주형 제조 회사로 만들었다. 그러자 미국의 대중국 견제를 위한 주요 수단인 수출 규제를 통한 대중국 압박, 반도체 동맹 구축을 위해서는 TSMC의 협력이 필요했다.

미국과 대만 정부가 중국의 반도체 굴기를 견제하는 가운데 TSMC는 미국과 대만 정부의 요청에 응답했다. 그러나 이러한 과정에서도 TSMC는 2015년 난징에 반도체 칩 공장을 설립한다는 계획을 발표했다. 이에 대해 대만 정부는 TSMC의 핵심 기술이 중국으로 유출되지 않을 것, 대만의 기술보다 1세대 이상 뒤떨어지는 기술 공정일 것, 대만에 향후 3년간 약 8,600억 TWD를 반도체 투자 및 연구 개발 비용으로 투자할 것을 조건으로 이를 승인했다. 2021년 TSMC의 난징 공장 증설 계획에 대해 대만 정부는 유사한 조건하에 이를 승인했다.

한편 미국은 TSMC로 하여금 중국에서 철수하고, 미국 애리조나에 공정 시설을 건설할 것을 요구했다. 또한 대중 제재가 심화되면서 미국 지원으로 생산한 반도체는 중국으로 수출하지 못하도록 했다. TSMC는 2022년 총 400억 달러 투자 계획을 발표했고, 미국 애리조나에 반도체 공장 건설을 착수했다. 2024년부터 애리조나 공장 1기 공정 시설을 가동해서 5나노 칩 생산을 계획하고 있다. 한편, TSMC는 가장 최신 기술이 요구되는 반도체는 대만에서 생산하기로 결정했다. 이로 인해 3나노 칩은 타이난에서 제조하고, 2나노는 신주 지역에서, 1나노는 타오위안에서 생산하기로 결정했다.

TSMC는 미국과 동맹의 길을 같이 가고 있음을 확인했다. 2023

년 당시 TSMC의 전 회장인 장중머우 뉴욕 타임스와의 인터뷰에서 "우리는 중국의 모든 급소를 잡고 있다"라고 설명했다. 그는 대만, 한국, 일본이 포함된 '칩4'와 첨단 반도체 제조 장비 수출국인 네덜란드와 협력하면 중국이 할 수 있는 것은 아무것도 없다고 설명했다. 그는 이 과정에서 "일부 미국 기업이 중국과의 사업 기회를 잃거나 중국이 반도체 판매 금지를 피할 방법을 찾을 수도 있다"라고 했지만, 그렇다고 해도 이 결정이 "잘한 일"이라고 했다.

타이상의 양극화기의 타이상 기업들은 중국 기업들로부터 도전을 받으면서 첨단 산업을 제외한 대부분의 분야에서 경쟁력을 잃고 있다. 최첨단 반도체를 생산하는 TSMC나 애플을 생산하는 폭스콘과 같은 대기업은 예외였지만, 사실상 첨단 산업을 이끄는 대기업들도 이미 조금씩 중국의 도전을 받아오고 있었다. 적절한 시기에 미국의 제재가 없었다면 SMIC는 이미 TSMC에 도전적인 기업으로 성장했을지도 모른다. 안보적 위협을 고려하지 않은 타이상의 수익 극대화 전략은 중국의 홍색 공급망이 탄생하는 데 기여했고, 그 결과 아이러니하게도 타이상의 입지를 위축시키는 결과를 가져왔다. 결론적으로 대기업 타이상 역시 중국의 반도체 굴기 전략과 미국의 제재로 인해 복잡해진 구조 속에서 예전과 같은 통제력을 갖고 있다고 보기 어렵다.

정치연구총서 08

3장
중국 경제의 성장과 타이상, 그리고 관련 문제들

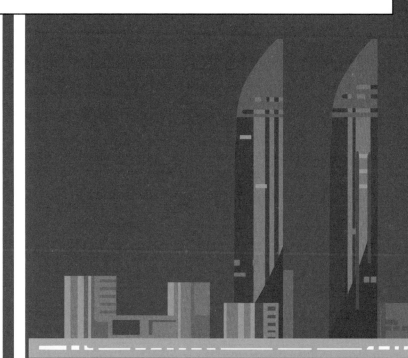

중국 경제의
성장과 타이상

　　중국은 1992년부터 2022년까지의 약 30년간 42배의 경제 성장을 이루었고, 미국에 이어 세계 경제 2위를 기록했다. 2030년에는 중국의 명목 GDP가 미국의 명목 GDP를 추월할 것이라고 예상되고 있다. 이와 같이 중국은 빠른 성장을 이루었지만, 1990년대 초반까지만 하더라도 경제 성장을 위한 의지와 목표만 있었지, 자본과 기술이 부재했다. 이러한 공백을 타이상이 채워주었다.

　타이상의 진출기에 타이상은 중국이 필요한 자본을 투자하고 기술을 제공하면서 중국의 제조업을 발전시켰다. 국제사회가 중국 정부에 대한 불신으로 인해 투자를 주저할 때도 타이상은 해외자본의 투자를 이끌었다. 이 시기 중국은 타이상에게 저렴한 토지,

　　　　　　　　　　대만은 중국의 경제를 어떻게 발전시켰나

공장, 노동력을 제공하고, 타이상은 설비, 원재료, 견본품을 조달하는 방식으로 물건을 생산했다. 이렇게 중국에서 생산된 상품은 타이상이 책임을 지고 대만에 판매하거나 해외 시장에 판매했다. 양안 간에는 제조업에서 분업이 매우 효율적으로 이루어졌다.

양안 경제 교류가 활발해지는 가운데, 중국의 경제 성장 속도가 빨라지기 시작했다. 중국은 비약적인 경제 성장에 힘입어 산업 구조에서도 변화가 나타났다. 이 기간 동안 중국에서도 기계, 전자 등의 기술 집약적 산업으로의 변화가 시작되었다. 1990년대 말에는 타이상이 주도해서 ICT 산업의 조립선이 중국 해안 지방으로 이동하면서 중국은 세계의 공장으로 변모했다. 이와 같은 발전은 WTO에 가입해서 국제 시장으로 진출하고자 하는 중국의 산업 구조를 개선시켰다.

"타이상의 확장기에는 중국과 대만이 WTO에 가입하면서 양안 협력이 세계 시장으로 확대되었다. 중국과 대만은 WTO에 가입하기 위해 서로의 도움이 필요했다. 중국은 개발도상국 지위 인정 등의 문제로 인해 가입에 어려움이 있었고, 대만은 중국의 반대로 인해 국제기구에 가입하기 어려운 상황이었다. 중국은 대만의 가입을 묵인하는 조건하에 WTO에 가입할 수 있었다. 중국은 WTO 가입을 통해 약속한 대외 개방을 활용해서 국유기업과 금융 체제의 개혁을 시행했다. 이를 통해 중국은 해외 시장에 직접 진출할 수 있게 되었으며, 타이상과 화교 자본을 넘어 세계 자본의 투자를 유치할 수 있게 되었디. 디이상은 미국, 유립, 일본 기입이 중국에 두

자하도록 유도했다.

중국으로 유입되는 해외 자본이 급증함에 따라, 타이상은 중국의 농업, 제조, 서비스 분야에서 새로운 사업 기회를 찾을 수 있었다. 대만의 자본과 기술로 중국에서 생산한 제품들은 직접 해외에 수출되었다. 이 시기 양안을 중심으로 하는 공급망에서 중요한 위치를 차지하고 있던 것은 ICT 산업의 핵심인 반도체 생산이었다. 타이상은 반도체 글로벌 공급망에 참여할 수 있게 된 중국에 반도체 공장을 세울 것을 계획했다. 타이상 반도체 기업은 대만에 본사를 두고, 미국의 실리콘밸리로부터 관련 분야의 지식을 전수받아 이를 중국에서 제조하는 방식을 적용했다.

타이상의 적응기에 중국은 이미 경제 강국으로 성장했다. 중국의 산업 구조는 업그레이드되고 다변화되었다. 국내의 수요, 소비, 그리고 도시화는 이미 충분히 수출 주도 산업과 균형을 이룰 수 있게 되었다. 또한 기술 발전으로 성장한 새로운 인터넷 경제는 정보 통신, 전자 상거래, 물류, 제3자 결제, 관련 소프트웨어 산업 등 새로운 서비스 분야를 강화하기 위한 플랫폼을 형성해가고 있었다. 이 과정에서 타이상의 도움으로 성장한 중국 기업들이 점차 타이상 기업을 대체하기 시작했고, 자본과 기술 집약적 산업에서도 주도권을 잡기 시작했다.

이 시기의 대만은 양안 교류에 우호적인 국민당이 집권하게 되면서, 타이상의 활동을 적극적으로 지원하기 시작했다. 2010년 중국과 체결된 ECFA는 상품 분야의 관세를 철폐하고 개방을 확대했다. 그 대상은 석유화학, 기계, 의약, 식품, 자동차 부품이었다. 타이상은 대만에서 정부가 중국과 ECFA를 체결하도록 다방면으로 로비했다. 대만이 배제된 지역 간 협력체인 CAFTA가 발효되면, 타이상의 활동이 주변화될 것을 우려했다. ECFA의 체결로 인해 타이상은 중국에서 다양한 사업의 기회를 얻게 되었다.

그러나 경제 성장으로 인해 자신감을 얻은 중국은 더 이상 타이상에게 우호적이지 않았다. 중국은 시간이 경과하며 타이상의 투자를 중국의 목적에 맞게 유도했다. 타이상을 상하이 증권시장에 투자하도록 유도했고, 업무 관계에서 반드시 중국 인민폐를 사용하도록 했다. 중국은 타이상이 중국에 계속 머물며 경제 활동을 하도록 하되, 과거와 같은 특혜는 제공하지 않았고, 심지어 사업지를 내륙으로 이전하도록 유도했으며, 중국에서 사업을 하기 위해서는 중국에만 법인을 등록하도록 했다.

타이상의 양극화기에 중국은 새로운 국면을 맞게 되었다. 중국은 안정적인 경제 성장을 지속해오고 있었고, 그동안 ICT 산업의 성장, 글로벌 공급망의 참여를 통해 반도체 산업이 급성장했다. 그러나 자생적인 기술과 노하우로 성장하기보다는 타이상을 비롯한 해외의 자본과 기술에 의존한 성장이었기 때문에, 가장 중요한 핵심 기술이 여전히 부족했다. 특히 반도체 산업의 경우, 핵심 첨단 부품을 여전히 해외 시장에 의존하고 있었다. 중국은 2014년 반도체 분야 투자를 위해 1,200억 인민폐의 펀드를 조성했으며, 〈중국 제조 2025〉를 선포했다.

막대한 펀드는 자체 제품의 개발과 생산, R&D에 사용되었지만, 빠른 성장을 위해 중소 반도체 기업을 사들이는 데도 사용되었다. 여기에는 미국을 비롯한 해외 반도체 기업이 그 대상이었지만, 타이상 반도체 기업들도 포함되었다. 또한 중국은 노동 집약적인 중소 타이상들에 대한 지원을 점차 줄이고 있었지만, 대기업이나 반도체 기업에 대한 지원은 확대했다. 이러한 가운데, 2015년 TSMC는 난징에 반도체 공장을 건설할 것이라고 발표했다. 기술 집약적인 타이상은 여전히 중국의 핵심 경제에 중요했다. 그러나 미국의 대중 제재가 강화되는 가운데, 중국의 이러한 시도는 한계를 맞게 되었다.

중국의 경제 성장으로 인해 각 분야의 기업들이 성장하면서 타이상이 활약하던 분야에서 중국 기업이 타이상 기업을 대체하기 시작했다. 특히 중소 규모의 노동 집약적인 제조업은 이미 많은 부분을 중국 기업이 대체했고, 이는 기술과 자본 집약적인 제조업으로도 확장되기 시작했다. 또한, 경제 성장으로 자신감을 얻은 중국은 타이상에 대한 호혜적 조치를 단계적으로 철폐했다. 특히 대만 정부는 정치적 이유로 중국이 경제적 제재를 가할 경우, 타이상 기업이 쉽게 그 희생자가 될 것이라고 우려한 바 있었는데 실제로 이러한 사례들도 나타났다.

그러나 TSMC와 폭스콘과 같이 여전히 중국의 경제에 중요한 대기업에 대한 중국의 대우는 다르다. 중국은 독립 지향적인 민진

대만은 중국의 경제를 어떻게 발전시켰나

당 정부와는 대화하지 않지만, 국민당과 대기업 타이상과는 대화하고 있다. 2021년 COVID-19 감염병으로 인해 대만 정부는 독일 바이오엔테크 백신 원제조사로부터 화이자 백신을 구입하고자 했으나 중국의 개입으로 이루지 못했다. 그러자 폭스콘 회장인 궈타이밍이 개입했고, 중국은 TSMC와 폭스콘이 운영하는 융룽교육자선기금회를 통해 대만에 화이자 백신 공급을 허용했다.

대기업으로 성장한 타이상이 대만 경제에서 차지하는 비중이 커지면서 대만 내 위상도 크게 신장되었다. 중국으로의 기술 유출을 우려하는 상황에서도 대만 정부는 2021년 TSMC이 요구하는 난징 공장 증설을 허용했는데, 이는 대만 경제에서 TSMC가 차지하는 비중 때문이다. 한편, 궈타이밍은 양안 문제의 해결사를 자처하며 2024년 국민당 총통 후보의 출마를 고려하기도 했다. 대만 정치에서 대기업 타이상의 위상이 정치적으로도 성장했음을 보여준다.

중국 자본과 기업의
대만 투자

　　한편 대만의 자본과 기업이 중국에 진출한 것과 마
찬가지로 중국의 자본과 기업도 대만에 진출했다. 그러나 공식적
인 교류와 실질적인 진출 간에는 긴 간격이 있었다. 1992년 공식
적인 경제 교류가 시작되었지만, 이는 대만 자본과 기업의 중국 투
자에만 적용되었다. 중국의 자본과 기업이 진출할 수 있었던 시기
는 2001년이다. 대만이 WTO에 가입한 이후에는 호혜주의 원칙
에 따라 양측 간의 투자 균형을 맞추어야 했다. 2001년 8월, 천수
이볜 대만 정부는 〈중국 자본이 대만 내 부동산 투자를 위한 조치
(大陸地區人民在臺灣地區取得設定或移轉不動產物權許可辦法)〉를 발표했다.
그러나 제도는 준비되었지만, 실질적으로 중국 자본이나 기업이
진출하지는 못했다.

　　　　　　　　　　　대만은 중국의 경제를 어떻게 발전시켰나

대만 정부가 중국 자본과 기업의 대만 진출을 사실상 허용한 것은 2008년 마잉주 정권이 집권한 이후다. 대만 산업의 육성을 위해서는 중국 자본의 투자도 중요한 원천이 될 것으로 판단했다. 2008년 5월, 대만 정부는 〈대만 사랑 12가지 건의(愛臺十二建議)〉를 발표했고, 이어서 2008년 7월에는 중국의 기관 투자자가 대만의 증권 및 선물 시장에 투자할 수 있도록 했으며, 2009년 4월에는 〈본토 투자자의 대만 증권 투자 및 선물 거래를 위한 관리 조치(大陸地區投資人來臺從事證券投資暨期貨交易管理辦法)〉를 시행했다. 2009년 6월에는 〈대만에 대한 중국인의 투자 허가 조치(大陸地區人民來臺投資許可辦法)〉 및 〈대만에 중국의 영리 사업을 위한 지사 또는 사무소 설립 허가 조치(大陸地區之營利事業在臺設立分公司或辦事處許可辦法)〉를 시행했다. 또한, 2009년 11월에는 해협 양안 금융 협력 감독 각서에 서명해서 상호 금융 교류가 실질적인 협력 단계에 진입했다는 것을 알렸다.

이후 본격적인 대만 진출이 시작된 것은 양안 간 ECFA의 체결 이후였다. 마잉주 대만 정부는 2010년 ECFA를 체결했는데, ECFA는 중국 기업이 대만에 투자할 수 있도록 강력한 제도적 보장을 제공했다. 그러자 완화된 규제를 통해 중국 자본의 대만 기업에 대한 투자가 증가하기 시작했다. 중국 자본이 가장 많이 진출한 업종은 도소매업, 전자 부품 제조업, 은행업이다. 중국 자본은 대만에 자회사를 설립하는 방식을 선호했고, 개인적인 수준에서는 상품을 대만 기업에 위탁한 후 중국으로 되파는 방식을 활용하기도 했다. 중국 자본의 대만 투자를 위해서는 대만의 〈양안 관계 조례〉, 〈중국 인민의 대만 투자에 대한 산업별 프로젝트〉, 〈대륙 투자 허가반법〉을 준수해야 한다.

그러나 시장을 개방했지만, 중국 자본과 기업은 대만의 법규를 존중해야 했다. 대만 정부는 중국과의 정치적 갈등과 공산주의 정권의 특징을 고려해서 투자자의 자격과 투자의 범위에 대해서 엄격하게 제한했다. 대만 정부는 안보를 근거로 해서 중국의 138개 국유기업 중 9개 기업의 대만 투자를 금지했다. 또한 독과점의 분야, 정치적으로 민감한 분야, 대만의 경제 발전에 영향을 미치는 분야에 대해서는 투자를 금지했다. 그러자 중국 자본은 우회적인 방법을 모색했다. 즉, 중국에 우호적인 타이상 기업을 이용해서 대만에 진출하거나 대상 기업의 지분 매입의 방식을 활용했다.

그러나 대만 내에서는 중국의 투자 자본이 순수한 사적 자본이 아니라 중국 공산당과 연계된 자본이라는 의혹이 제기되었다. 더욱이 중국 자본이 투자하려는 대상 기업이 미디어 산업, 금융 산업, 반도체 산업과 같이 안보에서 중요한 산업 분야였다. 그러나 대만 정부가 규제 완화를 지속하는 가운데 중국 자본의 투자는 지속되었고, 이는 시민 사회의 저항으로 이어졌다. 대표적인 사례가 2011년 왕왕 기업의 넥스트 미디어 그룹 매입 시도다. 2011년 대만에서 영향력이 있는 신문인 핑궈르바오(蘋果日報)가 포함된 넥스트 미디어가 매물로 나왔다. 시장에 나온 넥스트 미디어를 매입하기 위해 왕왕의 차이옌밍(蔡衍明), 중국 신탁 자선 기금회(中國信託慈善基金會)의 구종량(辜仲諒), 포모사 플라스틱 그룹(臺塑企業)의 왕원위안(王文淵) 등이 입찰했다. 이들은 모두 타이상이었지만, 그중에서 차이옌밍은 중국과 가장 가까운 것으로 알려졌다. 매각이 공론화되자 사회적 반대의 움직임이 있었고, 대학생들이 중심이 되어 왕왕의 매입에 반대했다. 그러나 정부는 왕왕의 매입을 조건부로 승인했다. 그러자 이는 시민 사회에 저항을 가져왔고, 2012년 7월 수백 명의 학생들이 '미디어 독점 반대 운동(反媒體壟斷運動)'을 벌였다. 결국 국내외 각계의 우려의 목소리가 더해지면서 왕왕의 매입은 무산되었다.

이 외에도 중국 자본의 금융 산업 침투에 대해서는 시민 단체의 반발이 있었으며, 반도체 산업의 침투에 대해서는 전문가들의 반대를 위한 연대 서명이 있었다. 결국 마잉주 정부는 중국 자본의 침투의 경제적 사회적 영향력을 고려해서 중국 자본의 대만 금융 산업과 반도체 기업에 대한 투자도 무산시켰다. 이어서 2016년 민진당 차이잉원이 집권하면서 중국의 자본 투자에 대한 정책 방향이 바뀌었다. 대만 정부는 ECFA를 중지시키고 양안 교류에 대해 규제와 금지로 돌아섰으며, 인도-태평양 지역과 동남아시아 국가들과의 협력을 강화하는 신남향 정책을 제시했다. 이 과정에서 대만과 중국과의 교류는 양자 간 교류에서 광범위한 지역적 수준의 교류로 재조정되었다.

◆ 나가는 말: 우리에게 주는 함의 ◆

타이상의 중국 진출은 경제적 이익을 우선 목표로 했지만, 동일한 민족이라는 정서적 측면도 무시할 수 없었다. 또한 일부 타이상들은 국민정부가 대만으로 이주할 때 부모나 혹은 본인이 중국에서 함께 이주한 사람들이었다. 이들이 중국에 공장을 짓고 사업을 하는 것은 다른 국가에서 하는 활동과 달랐다. 많은 타이상들이 중국에서 활동을 하면서 중국에 연고가 있는 경우 고향에 학교와 의료시설을 지었다. 이러한 장면은 남북한 관계에서도 볼 수 있었다. 1988년 7월 7일 노태우 대통령이 발표한 '7·7선언'은 남북 간의 교역 문호 개방을 천명한 선언이었다. 그러자 1988년 대우그룹의 김우중 회장은 홍콩 중개상을 통해 북한의 도자기 519점에 대한 반입을 정부로부터 승인받았다. 이후 남북 간 경제 협력이 진행되면서 일반교역, 위탁가공교역, 그리고 직접투자의 순서대로 발전했다. 1998년 6월 정주영 현대그룹 명예회장은 소 1,001마리를 이끌고 북한을 방문했다. 정주영은 남북 간의 대화가 시작된 1992

년부터 방북을 기획했고, 이러한 기회가 오자 즉시 감행했다. '정주영 소떼방북사건'으로 알려진 이 일화는 이후 남북이 대화와 경제 협력에 중요한 터닝 포인트를 마련했다. 물론 정주영도 사업의 기회를 놓치지 않았다. 그는 방북 후 북한에 머물면서 북한과 금강산 관광개발사업과 관광 유람선 '금강호'의 운항에 대해 합의하기도 했다.

　민족주의의 문제가 중요하다는 점에서 양안 교류와 남북한 교류는 유사성을 지닌다. 이로 인해 통일을 염두에 둔 두 사례 간의 비교 연구가 이루어졌다. 그럼에도 불구하고 두 사례는 많은 차이가 있었는데, 기존 비교 연구에서는 양안 교류를 정치적으로는 냉각되어 있지만 경제적으로는 교류가 활발하다는 의미의 '정냉경열(政冷經熱)'로 표현한 반면, 남북한의 경제 교류는 제한적으로만 가능했다는 점에서 '정열경냉(政熱經冷)'으로 표현했다. 남북한 간에는 2000년에 김대중 대통령과 김정일 국방위원장 간의 정상회담이 이루어진 반면, 양안 간에는 2015년이 되어서야 마잉주 총통과 시진핑 주석 간의 정상회담이 성사되었다. 남북한의 최초의 만남이 한반도 안의 평양에서 이루어졌다면, 양안 정상회담은 싱가포르라는 제3의 장소에서 이루어졌다. 남북한의 정치적 대화가 이후 정례화되거나 지속되지는 않았지만, 정권의 성격에 따라 대화가 개방되기도 했다. 그러나 양안 간의 정치적 대화는 해기회와 해협회라는 대리 기구를 통해 진행되었고, 국민당과 공산당 간의 정당 간 대화로 발전했지만 남북한과 같이 교류를 위한 공식적인 정부 간

대화로 이어지지는 못했다.

그러나 한반도의 남북 간 경제 협력이 주로 국가의 통제와 규제 하에 이루어진 것과 달리 양안에서의 타이상의 활동은 상당한 정도로 자율성을 지녔다. 천티엔푸나 궈타이밍과 같은 타이상들은 민진당이 집권하면서 정부의 규제가 강화되던 시기에도 중국에 공장을 짓고 사업을 지속했다. 타이상 기업은 중국에서 현지화에 성공했으며 일부는 대기업으로 성장했다. 대만은 본래 중소기업이 중심이 되어 산업화를 이루어왔는데 양안 교류는 대만 기업이라 하더라도 세계 시장을 활용할 경우 대기업으로 성장할 수 있다는 사례를 남겼다. 이 과정에서 대기업 타이상의 위상이 매우 높아졌는데, 이들은 때로는 국제사회에서 대만을 대표하는 역할을 하기도 했다. 한반도의 남북경협이 2010년 5·24조치로 인해 중단되면서 남북 간 경제 교류는 거의 중단된 것과 비교하면, 경제 교류의 면에서는 상당한 차이가 있음을 볼 수 있다.

그러나 양안 교류의 특징은 '정냉경열'에서 '정냉경냉'으로 변화하고 있다. 주된 원인은 대만 내에 독립을 원하는 인구의 증가와 중국의 경제적·군사적 발전 이후 대만에 대한 위협의 강화다. 먼저, 민주화 이후 대만에서는 대만의 독립을 선호하는 주민들의 수가 증가했다. 국립정치대학선거연구중심(國立政治大學選擧硏究中心)에서 정기적으로 시행하는 조사에 의하면 2023년 6월의 응답자의 21.4%가 현재는 현상유지를 원하지만 이후 독립을 원하고 있고, 4.5%가 대만이 속히 독립하기를 원했다. 즉 25.9%의 응답자가 대만의 독립을 원하고 있다. 반면 5.8%가 현재는 현상유지를 원하지만 이후 통일을 원하고 있고, 1.6%가 대만이 속히 중국과 통일하기를 원했다. 이를 합하면 7.4%의 응답자만이 통일을 원하고 있다. 이는 최초 조사인 독립지향의 11.1%, 통일지향의 20%와 비교해볼 때 약 30년 만에 독립지향은 2배 이상 늘어난 반면, 통일지향은 약 1/4로 줄어들었음을 볼 수 있다. 독립지향적인 인구가 증가하게 되면서 양안 경제 교류와 타이상의 중국에서의 활동에 대한 부정적인 시각도 늘어나게 되었다.

중국의 경제적·군사적 발전이 초래한 미중경쟁과 대만에 대한 군사적 위협의 강도가 증가한 점도 대만인들의 양안 교류에 대한 태도에 영향을 미치고 있다. 중국의 〈중국제조 2025〉 선언 이후 미국의 대중 경제가 미중 간의 무역 갈등을 넘어 반도체 분야의 공급망 경쟁으로 변화하고 있다. 이 과정에서 일부 타이상의 대중 활동이 대만의 안보에 위협이 될 수 있다는 대만 내 인식이 증가했다. 또한 대만에 투자된 중국 자본의 출처에 대한 의구심과 중국의 공격적인 대만 반도체 기업의 매입 시도 역시 양안 교류가 대만의 안보에 위협이 될 수 있다는 생각으로 이어지게 되었다. 2016년 민진당의 집권 이후 대만에 대한 중국의 군사적 위협은 점점 더 그 강도가 더해졌다. 2022년 펠로시(Nancy Pelosi) 미 하원의장이 대만을 방문한 이후 중국은 대만을 둘러싼 가상의 전쟁훈련을 시행하기도 했다. 중국의 경제적 발전은 군사적 발전으로 이어지고 있는데, 대만의 반도체가 중국의 최첨단 무기의 개발에 사용될 수노 있다는 우려는 양안 경제 교류와 타이상의 활동에 제동을 걸게 되었다.

한반도에서는 한국의 보수 정권의 출현과 북한의 핵무기 개발 등의 요인으로 인해 한반도의 '정열경냉'도 '정냉경냉'으로 변화하고 있다. 한반도는 양안과 달리 높은 군사안보적 위협 요인으로 인해 한국의 기업인들이 북한을 자유롭게 왕래하며 활동할 수는 없다. 따라서 한반도에서는 타이상과 같이 자율적이고 적응력이 뛰어난 기업이 상호 간의 교류를 이끌어나가면서 경제 성장을 견인하는 모습은 보이지 않는다. 초기에 북한에 진출하고자 했던 대우나 현대의 활동은 타이상 기업의 활동과 비교할 수 없이 초라하다. 최근에는 양안의 군사적 위기 상황이 한반도에도 영향을 미쳐 한국의 현재와 미래의 대북 경제 활동에 대해서도 재평가해야 할 필요성을 제기하고 있다. 이러한 가운데 남북경협이 재가동되기에는 많은 시간이 필요할 것으로 보인다.

양안 경제 교류의 과정에서 타이상의 역할은 아직도 현재 진행형이다. 안보의 위협이 증가하고 미중 무역 전쟁이 심화되고 있는 가운데에서도 중국에는 여전히 많은 타이상이 활동하고 있고, 대만에는 많은 중국인들이 거주하고 있다. 그러나 제도와 규제의 변화 외에도 그동안의 상호 주민들 간의 접촉이 타이상의 중국인에 대한 인식에도 변화를 가져왔다. 리거의 인터뷰에 따르면 양안 교류 과정에서 타이상은 중국인에 대해 '친구이기 때문에 서로 도움을 준다'라는 태도로 접근하지만, 중국인들은 자신들에 대해 '서

대만은 중국의 경제를 어떻게 발전시켰나

로 도움을 주기 때문에 친구이다'라는 태도로 접근한다는 것을 확인한다고 한다. 이 두 가지 접근은 상당한 차이가 있다. 상호 불신과 규제가 강화되고 있는 상황에서 타이상이 향후 어떠한 창의적인 대응으로 양안 관계를 이끌어 갈지 이들의 선택과 행보가 궁금해진다.

참고문헌

국내 문헌

김도희. 2003. "중국의 성장과 대만기업의 역할." 『한국정치학회보』 37집 5호, 331–352.

문흥호. 1997. "시론(Current Opinions): 양안 관계(양안 관계)와 남북한 관계" 『동아시아 역사연구』 2권 0호, 129–143.

박윤철. 2015. "중국과 대만의 지역적 경제 교류와 발전전략: 샤먼과 진먼 지역을 중심으로." 『중국학연구』 73집, 397–426.

배영자. 2021. "대만 특집 시리즈 5: 미중 기술패권 갈등과 대만의 전략: 반도체 부문을 중심으로." 『EAI 스페셜리포트』.

수치(蘇起)저 · 지은주 역. 2017. 『대만과 중국: 양안 관계 20년의 기록』 서울: 고려대학교 출판문화원.

웨이아이(魏艾) · 판진밍(范錦明) · 조현준. 2003. 『대만기업의 對중국 투자현황과 전략』 세종: 대외경제정책연구원.

이규태. 2011. "대만 해협 양안 관계와 남북한 관계의 비교연구." 『대만연구』 창간호, 23–69.

정유선 · 정선구 · 장영희. 2020. "타이상(臺商) 연구의 현황과 동향 고찰." 『현대중국학회』 22집 3호, 81–142.

지은주. 2023. "양안 경제 교류의 정치경제학: 중국의 정책변화와 타이상의 대응" 『한국정치학회보』 57집 1호, 199–224.

_____ 2023. "중국자본의 대만 투자와 대만 주민의 인식: 미디어 산업, 금융산업, 반도체 산업을 중심으로" 2023 KPSA World Congress for Korean Politics and Society 발표논문.

Bown, Chad P. 2020. "How the United States Marched the Semiconductor Industry into Its Trade War with China." *East Asian Economic Review* 24(4): 349-388.

Bush, Richard C. 2013. *Uncharted Strait: The Future of China-Taiwan Relations*. Washington, DC: Brookings Institution Press.

Chen, Chih-Jou Jay. 2014. "Taiwanese Business in China: Encountering and Coping with Risks." *Asian Studies* 60(3): 31-47.

Chen, Tain-Jy and Ying-Hua Ku. 2013. "Global Production Networks and the Kunshan ICT Cluster: the Role of Taiwan MNCs." In *Economic Integration Across the Taiwan Strait: Global Perspectives*. Cheltenham, edited by Peter C.Y.Chow. 170-196. Cheltenham: Edward Elgar.

Cheng, Hyunwook. 2021. "Targeted Sanctions with Chinese Characteristics and "Green Taishang"" *Pacific Focus* 36(3): 488-511.

Chien, Shiuh-Shen and Litao Zhao. 2008. "Kunshan Model: Learning from Taiwanese Investors." *Built Environment* 34(4): 427-443.

Chu, Ming-chin Monique. 2015. "Rethinking Globalization-Security Linkages with References to the Semiconductor Industry across the Taiwan Strait." In *Globalization and Security Relations across the Taiwan Strait*. edited by Ming-chin Monique Chu and Scott L. Kastner. 183-208. London and New York: Routledge.

Chu, Yun-han. 1999. "The Political Economy of Taiwan's Mainland Policy," In *Across the Taiwan Strait*, edited by Suisheng Zhao.163-195. London and New York: Routledge.

Dittmer, Lowell. 2020. "解析兩岸關係的糾結(Analyzing the Taiwan Strait Tangle)," In *Revisiting Theories on Cross-Strait Relations* (第2版), 包宗和, 吳玉山(編), 1-13. 臺北: 五南

Goldstein, Steven M. 2015. *China and Taiwan*. Cambridge. Cambridge: Polity Press.

Haas, Ernst B. 1958. *The Uniting of Europe*. Stanford: Stanford University Press.

Hsiao, Michael Hsin-Huang and Yu-Yuan Kuan. 2016. "The Development of Civil Society Organization in Post-Authoritarian Taiwan (1988-2014)." In *Routledge Handbook of Contemporary Taiwan*. edited by Gunter Schubert. 253-267. London and New York: Routledge.

Hsiao, Michael Hsin-Huang. 2018. "Taishang in China and Southeast Asia: Culture and Politics of Taiwanese Transnational Capital." *Asia Review* 7(2): 163-180.

Hsing, You Tien. 1996. "Blood, Thicker than Water: Interpersonal Relations and Taiwanese Investment in Southern China." *Environment and Planning A*, 28(12): 2241-2261.

Kastner, Scott L. 2009. *Political Conflict and Economic Interdependence Across the Taiwan Strait and Beyond*. Stanford: Stanford University Press.

Keng, Shu, Gunter Schubert and Emily Rui-hua Lin. 2014. "Taiwan and Globalization: Reflections on the Trajectory of Taishang Studies." In *Migration to and from Taiwan*. edited by Kuei-fen Chiu, Dafydd Fell, Lin Ping. 25-41. London and New York: Routledge.

Kuo, Cheng-Tian. 1993. "Economic Statecraft across the Taiwan Strait." *Issues and Studies* 29(10): 19-37.

Lee, Nae-Young and Kwangkyu Nam eds. 2016. *Cross-Strait Relations and Inter-Korean Relations*. Seoul: Asiatic Research Institute.

Lee, Pei-Shan and Yun-han Chu. 2016. "Cross-Strait Economic Integration (1992-2015)" In *Routledge Handbook of Contemporary Taiwan*. edited by Gunter Schubert.410-425. London and New York: Routledge.

Ming-chin Monique Chu and Scott L. Kastner eds. *Globalization and Security Relations across the Taiwan Strait*. London and New York: Routledge.

Mitrany, David. 1966. *A Working Peace System*. Chicago: Quadrangle Books.五南.

Pompeo, Michael R. 2020. "The Tide is Turning Toward Trusted 5G Vendors" U.S. Department of State, (June 24)

Rawnsley, Ming-Yeh T. and Chien-san Feng. 2014. "Anti-Media-Monopoly Policies and Further Democratisation in Taiwan." *Journal of Current Chinese Affairs* 43(3): 105-128.

Rigger, Shelley. 2021. *The Tiger Leading the Dragon: How Taiwan Propelled China's Economic Rise*. Rowman & Littlefield Publishers.

Schubert, Gunter, Rui-Hua Lin and Yu-Chen Tseng. 2016. "Taishang Studies: a Rising or Declining Research field?" *China Perspective* 1: 29-36.

Sutter, Karen M. 2002. "Business Dynamism Across the Taiwan Strait: the Implications for Cross-Strait Relations." *Asian Survey* 42(3): 522-540.

Taylor, Jay. 2000. *The Generalissimo's Son*. Cambridge: Harvard University Press.

Tian, Qun-jian. 1999. "Like Fish in Water: Taiwanese Investors in a Rent-Seeking Society." *Issues & Studies* 35(5): 61-94.

Tsai, Chang-yen and Chengli Tien. 2010. "The Impact of China's Labor Contract Law on Firm Performance: Empirical Evidence from Taiwanese Investment in China." Issues & Studies 46(4): 101-147.

Tsai, Chung-min. 2017. "The Nature and Trend of Taiwanese Investment in China (1994-2014): Business Orientation, Profit Seeking, and Depoliticization." In *Taiwan and China: Fitful Embrace*. edited by Lowell Dittmer. 133-150. Oakland: University of California Press.

Tsai, Ming-chang and Chin-fen Chang. 2010. "China-Bound for Jobs? the Influence of Social Connections and Ethnic Politics in Taiwan," *China Quarterly*, 203: 639-650.

Wu, Jieh-min. 2001. "State Policy and Guanxi Network Adaptation in China: Local Bureaucratic Rent-seeking." *Issues and Studies* 37(1): 20-48.

Wu. Yu-Shan. 2010. "Theorizing on Relations across the Taiwan Strait: Nine Contending Approaches." *Journal of Contemporary China* 9(25): 407-428.

单玉丽(산위리). 2003. "台商在大陆投资的区域分布及未来走势."『台湾研究 兩岸經貿』 4期: 55-60.

吳介民(우지에민). 2019.『尋租中國:臺商, 廣東模式與全球資本主義』. 臺北: 國立臺灣大學出版中心.

大陸臺商經貿網(대륙대상경무망). 2022a.『國家別投資件數分析-中國大陸』https://www.chinabiz.org.tw/Investchart/country_amount?option=02中國大陸 (검색일: 2022.12.22.)

大陸臺商經貿網(대륙대상경무망). 2022b.『大陸投資分析表:省份+行業投資金額分析』https://www.chinabiz.org.tw/Investchart/Investchart_integrate?Province=合計&IndustryList=塑膠製品製造業|金屬製品製造業|電子零組件製造業|電腦、電子產品及光學製品製造業|電力設備製造業|(검색일: 2022.12.22.)

大陸臺商經貿網(대륙대상경무망). 2022c.『大陸投資分析表:行業-省份投資金額分析』https://www.chinabiz.org.tw/Investchart/integrate_industry?Industry=合計&ProvinceList=上海市|江蘇省|浙江省|福建省|廣東省|(검색일: 2022.12.22.)

大陸臺商經貿網(대륙대상경무망). 2022d.『大陸投資分析表: 行業投資金額分析-合計』https://www.chinabiz.org.tw/Investchart/(검색일: 2022.12.22.)

彭昉(펑팡). 2007. "計時趕工的霸權體制: 對華南一家加工出口台資廠的勞動體制研究." 台灣社會學 第14期: 51-100.

盛九元(성지우위안). 2012. "长三角地区台商高科技产业投资特征与发展趋势." 台湾研究 5期: 17-22.

盧永山(루용산)編驛. 2021. "中國打壓台企 加速台商出走 ,"『自由財經』, (12月 23日).

翁焌珣(윙융쉬안). 2016. "台積電赴中設廠 承諾在台投資8600億."『Newtalk新聞』(2月

    3日).

耿曙(경수), 林瑞華(린루이화), 舒耕德(수껑더). 2012. "台商研究的起源、發展與核心議
    題", 耿曙, 舒耕德, 林瑞華, 主編. 3-53.『台商研究』台北: 五南出版社.

蔡東杰(차이동지에), 洪銘德(홍밍더), 李玫憲(리메이시엔). 2018.『圖解兩岸關係』. 臺北:
    五南.

行政院主計總處(행정원주계총처). 2022.『110年國人赴海外工作人數統計結果』(12
    月 15日) https://www.stat.gov.tw/News.aspx?n=2708&sms=10980 (검색일:
    2022.12.31.)

邓利娟(덩리주안), 石正方(시정방). 2020. "岸经贸与人员往来对台经济利益释出研究."
    『闽台关系研究』182期, 49-58.

邱琮皓(치우총하오). 2021. "拿出三大保證!台積南京廠擴產 經濟部准了."『工商時報』(7
    月 29日).

鄭鴻達(정홍다). 2022. "國安法擬增訂經濟間諜罪."『聯合新聞網』(2月 17日).

정치연구총서 08

이 저서는 2017년 대한민국 교육부와 한국연구재단의
한국사회과학연구(NRF-2017S1A3A2066657)의 지원을 받아 수행한 연구임.

정치연구총서 08

대만은 중국의 경제를
어떻게 발전시켰나

제1판 1쇄 2024년 2월 28일

지은이   지은주
펴낸이   장세린
편집   배성분, 박을진
디자인   장세영

펴낸곳   (주)버니온더문
등록   2019년 10월 4일(제2020-000051호)
주소   서울특별시 용산구 청파로93길 47
홈페이지   http://bunnyonthemoon.kr
SNS   https://www.instagram.com/bunny201910/
전화   010-3747-0594 팩스 050-5091-0594
이메일   bunny201910@gmail.com

ISBN   979-11-93671-05-4 (94340)
ISBN   979-11-980477-3-1 (세트)